# Quelles alternatives socio-économiques au Sénégal ?

*Une contribution programmatique*

ELHADJI MOUNIROU NDIAYE

# Quelles alternatives socio-économiques au Sénégal ?

*Une contribution programmatique*

Sénégal
L'Harmattan

**10 VDN, Sicap Amitié 3, Lotissement Cité Police, DAKAR**

http://www.harmattansenegal.com
senharmattan@gmail.com
senlibrairie@gmail.com

ISBN : 978-2-343-16168-6
EAN : 9782343161686

# INTRODUCTION

*« Le moment est venu de tirer les conclusions pratiques de tant d'années d'études des problèmes africains, de les ramasser en formules aussi claires que possible, afin de faciliter leur utilisation. »*

Cheikh Anta Diop, 1970.

En cette année 2018, l'État du Sénégal fête le 58e anniversaire de son accession à la souveraineté internationale. C'est à la suite d'une histoire qui lui est propre, jonchée de périodes tumultueuses, notamment les sombres siècles d'esclavage et de colonisation. Mais il n'est point question de s'attarder ici sur cette trajectoire que d'aucuns listent parmi les goulots historiques expliquant le retard des pays africains. Il est tout aussi important de souligner que la colonisation a également été le lot de plusieurs autres pays africains, asiatiques et d'Amérique latine, qui ont atteint actuellement une situation économique très enviable. En 1960, un pays comme la Corée du Sud avait le même Produit intérieur brut (PIB) que le Sénégal (environ 1,5 milliard de dollars). En 2017, la Corée du Sud a fait 1 521 milliards de dollars de PIB, soit 1 000 fois plus, alors que le PIB du Sénégal est d'environ 15 milliards de dollars, soit seulement 10 fois plus. Cette comparaison n'est effectivement pas raison, mais elle permet d'avoir une première idée des racines fondamentales du mal sénégalais, si l'on sait que les situations initiales des deux pays se différencient d'abord par la qualité bien meilleure du capital humain en Corée du Sud en 1960.

Il faut tout de même observer que la plupart de ces pays ont obtenu leurs brillants résultats sur le plan économique dès le début des années 1990, soit seulement quelques décennies après leur accession à la souveraineté internationale. Dès les années 2000, le Sénégal et les pays africains se sont largement rattrapés sur le plan de l'accès à l'éducation et à la formation, mais presque deux décennies après, une piètre dynamique économique y est toujours constatée. Les taux de croissance sont restés très faibles, le chômage s'aggrave, les infrastructures sont défaillantes et l'accès aux services sociaux de base, tels que la santé, l'eau potable, l'électricité et l'assainissement, est loin d'être assuré de manière universelle. La question qui se pose est donc de savoir ce qui a été fait de toutes les ressources humaines et de tout le potentiel économique dont regorge le pays. Il est rapporté qu'en 1960, l'immense Congo ne comptait que 17 diplômés après près de 200 ans de colonisation, et 40 ans après l'indépendance, la RD Congo comptait déjà plus de 300 000 diplômés, selon Samir Amin. Il est tout de même vrai que depuis 1960, l'Afrique n'a pas véritablement formé beaucoup d'étudiants dans les disciplines appropriées, notamment scientifiques[1], mais la masse critique d'instruits est largement atteinte en termes de compétences dans les domaines de la gouvernance économique, politique et sociale. En début avril 2018, le ministre de l'Enseignement supérieur, de la Recherche et de l'Innovation du Sénégal a magnifié le nombre important de titulaires du doctorat dans les universités sénégalaises.

Le premier niveau d'appréciation de la qualité de la gouvernance économique du Sénégal se situe dans la

---

[1] Cette question est mieux abordée dans la proposition sur la carte universitaire (Titre 3).

qualité des prises de décisions au niveau suprême. La principale gangrène dans le pilotage économique du pays est d'abord un problème de compétences au sommet. Le népotisme, le clientélisme et le favoritisme constituent des maux très têtus qui continuent de torpiller tous les efforts de développement depuis 1960. Ce système tronqué de gouvernance s'est profondément aggravé au cours de la période 2000-2018. Il est actuellement le lit d'un système de gouvernance dans lequel la politisation à outrance de l'activité de l'État crée un effet d'éviction sur les véritables préoccupations de prise en charge des aspirations du peuple. Il donne en même temps à saisir la profondeur avec laquelle les notions de priorité, de compétence, de mérite et d'égalité des chances sont littéralement ignorées dans les choix publics des dirigeants sénégalais. Cette mal-gouvernance, aux antipodes de la gouvernance stratégique en Asie et en Amérique latine, patauge ainsi dans l'une des pires formes d'amateurisme gouvernemental, asphyxiant du coup l'éclosion de la boule de neige que devraient générer les immenses ressources humaines du pays. Le cancer politico-administratif s'était rapidement développé sous l'ère Abdoulaye Wade dans les années 2000, à la faveur de la prise en charge de sa faramineuse clientèle politique qui peuplait la Coalition Alternance 2000, qui l'a porté au pouvoir en mars 2000. Il s'est ensuivi une agenciarisation et une stratification excessives de l'administration publique, accentuées à partir de 2007 suivant son besoin contesté d'un troisième mandat en 2012. Le Président Macky Sall, qui lui a succédé en 2012, avait formulé une réelle volonté de rationaliser les structures administratives et institutionnelles en procédant, dès son arrivée au pouvoir, à la suppression du Sénat et d'un certain nombre d'agences et de structures administratives jugées inutiles. Mais sa coalition hétéroclite ne lui a pas facilité ce nettoyage au sommet, devenu de plus en plus risqué vis-à-vis de son aspiration à un second mandat pour 2019. Macky Sall s'est enrôlé dans une fâcheuse aventure politicienne, allant même jusqu'à menacer de sanctions les titulaires de strapontins (de sa coalition « Benno Bok Yaakar »)[2] non victorieux dans leurs circonscriptions lors des élections locales de juin 2014.

L'économie est la science qui analyse la création des ressources et leur répartition. L'action de l'État détermine la trajectoire économique d'un pays. De par ses décisions au niveau suprême, l'État joue un rôle de pilote et de promoteur de l'économie quel que soit l'angle idéologique d'analyse. L'allocation optimale des ressources humaines est un préalable fondamental pour instaurer un système de gouvernance susceptible de permettre l'efficacité et la performance économiques. Mais l'approche par les compétences n'a jamais été une sérieuse préoccupation dans la gouvernance économique du Sénégal. De Léopold Sédar Senghor à Macky Sall, en passant par Abdou Diouf et Abdoulaye Wade, le pouvoir n'a été qu'un réseau d'amitiés, d'entretien de fraternités maçonniques et d'assouvissement d'objectifs crypto-personnels et familiaux. Le résultat est sans équivoque : les déboires sont perçus sur tous les plans, l'échec est multiforme et les problèmes du pays restent entiers. Ce résultat engage tous les citoyens sénégalais, toute la classe politique, le monde des affaires et le pouvoir religieux. Une telle situation impose dorénavant une introspection après une sérieuse évaluation, doublée d'une réelle volonté d'amendement et de changement. Les velléités des régimes successifs n'ont pas encore su inventer le chantier d'un Sénégal nouveau dans toute son immensité. Ce chantier doit mobiliser toutes

---

2 « *Benno bok yaakar* » est une expression de la langue wolof qui signifie : « Unis derrière le même espoir ».

les forces vives de la nation et l'ensemble des patrimoines scientifiques et intellectuels dont regorge le pays.

Cette réflexion est une humble contribution dressant un tableau global qui fait état des blocages, en proposant de nouveaux paradigmes d'analyses et d'actions, et en formulant des pistes d'amélioration sur le plan économique. Le bilan économique durant ces six décennies de gouvernance économique souveraine fait état de déconvenues récurrentes à travers la répétition des mêmes causes qui ont produit les mêmes effets de stagnation, voire de recul économique. Cet ouvrage contient certainement des réflexions et des avis qui traversent l'esprit de plusieurs Sénégalais, puisque les problèmes du pays sont unanimement perçus. Les programmes alternatifs, en vue de la prochaine élection présidentielle de février 2019, vont largement converger vers la préoccupation essentielle de la réorganisation économique du pays. Le Sénégal a intérêt à rebrousser chemin sur plusieurs lignes d'actions économiques édictées depuis Senghor et perpétuées dans les pratiques du régime actuel.

Ce nouveau régime installé en 2012 a piétiné ses obligations d'arbitrage et de calcul économique qui devaient précéder plusieurs choix publics. Il a d'abord tâtonné sur le programme : Yonou Yokuté en 2012, Stratégie nationale de développement économique et social (SNDES) en 2013, puis Plan Sénégal Émergent (PSE) en février 2014. Il avait institué un visa pour l'entrée au Sénégal dès 2012, sans études préalables des incidences sur le tourisme, avant de le retirer en 2015, non sans dédommager le concessionnaire à hauteur de 12 milliards de FCFA pour rupture unilatérale de contrat. Le gouvernement sénégalais a aussi engagé un chapelet de projets discutables, parmi lesquels 738 milliards de FCFA pour un Train Express Régional (TER) de 54 km entre Dakar et l'aéroport international Blaise Diagne (AIBD),

417 milliards de FCFA pour l'autoroute Thiès–Touba, 21 milliards de FCFA pour la Cité de l'émergence et 57 milliards de FCFA pour des lampadaires à 1 100 000 FCFA l'unité, alors que des solutions similaires beaucoup moins onéreuses sont disponibles au niveau des laboratoires de l'École supérieure polytechnique de Dakar. Certains projets comme la réfection du building administratif, à hauteur de 39 milliards de FCFA, sont d'une redondance avérée vis-à-vis des 56 milliards de FCFA injectés dans les sphères ministérielles inaugurées à Diamniadio en avril 2018. En plus du Centre international de conférence, dont le coût déclaré avoisine les 60 milliards de FCFA, l'État a également débloqué plus de 100 milliards de FCFA pour un palais des sports à Diamniadio, une arène nationale et d'autres projets, en plus des 100 autres milliards annoncés pour un palais secondaire. En six ans, ces nouveaux projets ont déjà mobilisé près de 1 600 milliards de FCFA, dont plus de 90 % pour la seule agglomération de Dakar. Le comble de la déception est que ces grands marchés publics n'impliquent pas sérieusement le secteur privé sénégalais. Ces fonds publics auraient pu alternativement permettre de réhabiliter le chemin de fer, de terminer la nouvelle carte universitaire et d'injecter plus de fonds dans le pertinent programme Promovilles, qui peut être un bon outil pour le réajustement et le rééquilibrage des autres villes vis-à-vis de la macrocéphalie de Dakar.

Le Plan Sénégal Émergent n'est finalement qu'une compilation de 27 projets exclusivement destinés à des multinationales étrangères. Il s'agit donc d'un leurre de plus qui risque d'accentuer les tares d'une économie très dangereusement extravertie. Les nouvelles potentialités économiques du pays sont renforcées par les récentes découvertes pétrolières et gazières, mais dont la configuration contractuelle des exploitations projetées n'offre pas de perspectives rassurantes. Au demeurant, il faut de prime abord assumer la responsabilité collective de tout le peuple, générations actuelles comme passées, sur les multiples inepties politico-économiques qui continuent de gangrener le Sénégal. Le régime de Macky Sall dispose toutefois d'importantes marges de rectifications suivant la philosophie de cet ouvrage. Il s'agit essentiellement d'interpellations faisant office de guide et d'appuis programmatiques sur le plan économique.

Cet ouvrage est ainsi une sorte de lettre adressée à tous les Sénégalais et à tous ceux qui aspirent à les diriger. Il commence par les éléments d'interpellation ci-dessus, évoquant préalablement la question des ressources humaines, des compétences et s'interrogeant sur les types de dirigeants à qui le peuple sénégalais aura encore affaire dorénavant. Le premier titre donne des éléments de diagnostic sur l'état de l'économie sénégalaise ainsi qu'une contribution sur la lancinante problématique des idéologies et de la vision. Le titre 2 élabore un argumentaire sur les trois réformes les plus urgentes sur le plan économique. Un exposé des six principaux projets et chantiers auxquels donner la priorité à l'horizon 2024 fera l'objet d'un troisième et dernier titre.

# TITRE 1 :

# CRISPATIONS ÉCONOMIQUES ET ENJEUX IDÉOLOGIQUES

« *L'Afrique a bien triomphé des agressions les plus violentes et les plus longues de l'espèce humaine grâce à ses immenses ressources spirituelles, celles-là mêmes qui vont inspirer notre démarche à la fois rationnelle, par souci d'efficacité, et volontariste, de façon à engager toutes nos potentialités spirituelles dans la bataille pour le redressement et le développement.* »

Abdoulaye Wade, 1989.

Un problème bien posé est moitié résolu, a-t-on coutume de dire. Mais il faut admettre d'emblée que les problèmes du Sénégal sont d'ordre global et complexes. Après avoir reconnu le mauvais départ dû à la colonisation, les bons résultats sur le plan politique, économique et social constatés dans d'autres pays ayant connu un sort similaire, comme la Corée du Sud, Singapour, Taïwan, la Malaisie, l'Inde ou le Brésil, disqualifient toute autre interprétation que la mal-gouvernance. Cinquante-huit années auraient dû suffire pour éviter que les mêmes mécanismes de gouvernance ne soient obstinément reconduits pour produire les mêmes effets : désordre institutionnel et politico-administratif, et stagnation ou même régression économique et sociale. Ce récit ne discute pas des évènements ni des gens, mais il part du fait qu'après six années d'alternance, à partir de 2012, le Sénégal a basculé dans l'une des pires mal-gouvernances et s'enlise dans les problèmes économiques. Les malheureux évènements concernant le vote de la loi sur le parrainage, le 19 avril 2018, font état d'un net recul dans des crispations sociopolitiques que les Sénégalais croyaient avoir définitivement résolues depuis le 23 juin 2011, sous l'ère Abdoulaye Wade. Il ne faut pas se lasser d'appeler à une révision en profondeur des paradigmes d'actions en dépassant les contingences idéologiques, non sans être parvenu à élaborer une vision cohérente vis-à-vis des idéaux religieux et spirituels.

## 1. ÉLÉMENTS DE DIAGNOSTIC SUR LE PLAN ÉCONOMIQUE

Des pays africains beaucoup plus mal partis que le Sénégal, comme le Rwanda, l'Éthiopie, l'Angola ou le Botswana, enregistrent actuellement des résultats économiques reluisants. À part l'absence d'une discipline d'évitement des déficits macroéconomiques qu'aurait permis l'appartenance à un cadre d'intégration comme l'Union Économique et Monétaire Ouest-Africaine (UEMOA), le Ghana ne souffre que du caractère étriqué de son marché cloisonné d'expression de son autonomie monétaire, ce qui corrobore les visions initiales d'intégration africaine de Kwame Nkrumah. Le Nigéria et le Kenya ne souffrent que des tensions sociopolitiques lancinantes qui obstruent leur marche vers l'émergence économique. Parallèlement, le Sénégal et les pays de la Zone franc croupissent sous le joug d'une dépendance monétaire qui ne leur laisse aucune marge de manœuvre sur leurs finances publiques et sur leurs soldes commerciaux. Leurs économies sont entièrement livrées à la merci des aléas d'un dollar fort (euro faible) et d'un dollar faible (euro fort). Mais comment déterminer avec précision une politique économique saine si un dollar faible peut laminer vos exportations et qu'un dollar fort peut les renchérir et aggraver vos problèmes de dettes ? Les blocages se situent alors au niveau des responsabilités suprêmes dans les prises de décisions publiques, là où on peut décider de jouer une grande partition dans le chantier de l'autonomie monétaire, là où on peut prendre la ferme décision de mettre en avant les intérêts nationaux dans l'économie, là où on peut résolument prendre la décision de compter sur l'expertise nationale en termes de programmes. À ce dernier niveau, l'évaluation rigoureuse qui devait être faite de tous les programmes économiques concoctés depuis 1960 a fait défaut. Sur ce plan des programmes, on peut être sûr des cinq appréhensions suivantes :

**1.** Jusqu'au début des années 1980, les programmes économiques, parmi lesquels le Plan de redressement économique et financier et les premiers jets des plans (I à IX) n'ont pas été suivis d'effets significatifs. Ils n'ont pas pu empêcher (ou ont été à la base de) l'aggravation des déficits extérieurs et des finances publiques ayant conduit à l'ajustement structurel amorcé en 1980.

**2.** Les Plans d'ajustement structurel (PAS) ont sonné le début d'une libéralisation de l'économie sénégalaise, dans un secteur privé sénégalais significatif, avec comme résultats le renchérissement du crédit, l'aggravation des déficits commerciaux et l'apparition des déséquilibres insurmontables des finances publiques qui ont exacerbé le rythme d'endettement dès le début des années 1980. Cette situation figure parmi les causes fondamentales ayant mené à la dévaluation du franc CFA en 1994.

**3.** Cette dévaluation est un mauvais souvenir pour le consommateur sénégalais, avec son lot d'incidences très négatives telles que la forte inflation due au renchérissement immédiat des produits importés. Les annulations et autres suppressions de dette accordées à cet effet par les partenaires bilatéraux et multilatéraux avaient ouvert en 1994 une nouvelle vanne d'endettement encore plus improductif, ayant nécessité le lancement du programme PPTE (Pays Pauvres Très Endettés) en 1999.

**4.** Les années 2000 ont été amorcées avec une crise mondiale sans précédent à partir des attentats du 11 septembre 2001. La chute vertigineuse du cours du dollar américain a été concomitante avec l'ajustement automatique chez les vendeurs de pétrole, avec un baril qui a atteint 150 dollars en juillet 2007. Le Sénégal a vu sa facture des importations énergétiques s'aggraver et ses exportations pénalisées du fait de l'euro fort induit. Les finances publiques sont alors entrées en crise, et de 17 % du PIB à l'issue du programme PPTE en 2006, la dette publique est montée à 43 % en 2012.

**5.** À la suite de la Stratégie nationale de développement économique et social lancée en 2013, le Plan Sénégal Émergent élaboré en 2014 a battu le record de mobilisation de financements dans le cadre du Plan d'action prioritaire (PAP) 2014-2018. Sur les 10 000 milliards de FCFA recherchés, 5 737,6 milliards ont été acquis, avec un endettement prévu à hauteur de 2 056 milliards de FCFA. Le résultat est un encours d'endettement qui est passé de 43 % du PIB en 2012 à près de 63 % en 2017, et d'un service de la dette qui est passé de 493 milliards de FCFA en 2012 à 838 milliards de FCFA en 2018.

Le constat est là : les taux de croissance peinent à atteindre les 7 %, et le taux de chômage est passé en moyenne de 10,2 % en 2011 à plus de 15 % en 2017, selon les chiffres officiels. Et dans l'amélioration des taux de croissance notée à partir de 2012, il ne faut également pas négliger la baisse de la facture des importations d'hydrocarbures, puisque le cours du baril de pétrole est passé en moyenne de 90 dollars en 2012 à moins de 45 dollars en 2017. Le tout est couronné par un recul dans les derniers classements du PNUD (Programme des Nations Unies pour le Développement), où le Sénégal est passé de la 157e place sur 187 pays en 2012, à la 162e place sur 188 pays en 2016. L'analyse approfondie de cette tendance permet de saisir que les 7 % de croissance ne s'expliquent alors que par les investissements publics effectués en grande partie avec le support de l'endettement public extérieur. La formule macroéconomique de calcul du PIB ajoutant l'investissement et les dépenses publiques, il est donc clair que les investissements publics constituent un élément déterminant du niveau du PIB. Un autre problème sérieux s'ajoute à cette insuffisance des effets multiplicateurs de l'investissement public sur le PIB, à savoir, l'accaparement de la majeure partie des fonds publics par des entreprises étrangères. Il faut noter que quand l'économiste anglais, John Maynard Keynes (1936), théorisait les effets multiplicateurs de l'investissement sur le PIB, il réfléchissait en économie fermée. Les investissements publics n'ont donc d'effets multiplicateurs significatifs sur le PIB que s'ils sont encaissés par des entreprises nationales qui paient tous leurs salaires et leurs taxes au niveau national.

La plupart des marchés publics sénégalais de grande envergure (infrastructures, bâtiments, etc.) sont exécutés par des entreprises étrangères. On peut citer, entre autres, le marché de 738 milliards de FCFA du Train Express Régional (TER), essentiellement exécuté par les opérateurs français Alstom et Eiffage, impliquant le turc Yapi Merkezi, l'autoroute à péage Thiès–Touba pour 417 milliards de FCFA en construction par les Chinois, les 21 milliards de FCFA pour la construction de la Cité de l'émergence par une entreprise marocaine, les 57 milliards de FCFA octroyés en 2018 à l'entreprise française Fanroch pour des lampadaires, sans oublier que la finition de l'aéroport international Blaise Diagne a été effectuée par les deux entreprises turques que sont Summa et Limak. Il importe de signaler que la croissance du PIB sénégalais regorge déjà de plus de 20 % d'intérêts français, auxquels s'ajoutent les multiples autres multinationales officiant au port de Dakar, dans la distribution, dans les hydrocarbures, dans l'hôtellerie, dans la banque et dans l'expertise. Dès lors, les ressorts de cette croissance ne sont pas endogènes et cette situation est à l'origine de trois situations indubitables :

- la faiblesse du revenu national, explicative de l'absence d'inclusion sociale et faisant état d'une dépendance chronique vis-à-vis des envois de fonds des émigrés (1 104 milliards de FCFA en 2017) ;

- l'impossibilité de voir cette croissance se traduire en termes de création significative d'emplois, de distribution de revenus supplémentaires et de réduction du besoin d'endettement public ;

- la capture systématique de la dette extérieure par des entreprises étrangères, aggravée par le système dérogatoire des marchés publics que s'est abusivement taillé la Présidence de la République.

Le recours systématique à l'endettement de plus en plus important met à nu les difficultés de l'État sénégalais à maîtriser le déficit public, qui est toujours resté au-delà de 4 % alors qu'il était promis de le ramener dès 2016 en deçà du plafond de 3 % retenu dans les critères de convergence de l'UEMOA. Cette dynamique d'endettement pose un double problème. Elle risque, d'une part, de mener dans un proche avenir au surendettement, sur lequel le Fonds monétaire international (FMI) et l'expert financier Tidiane Thiam ont récemment attiré l'attention en fustigeant les 1 200 milliards de FCFA d'eurobonds contractés en 2018. D'autre part, elle amenuise les marges de manœuvre vis-à-vis des arriérés de paiement au niveau interne, qui ont atteint 200 milliards de FCFA en 2017. Le secteur privé local doit être une priorité des finances publiques dès lors que la plupart des PME/PMI sénégalaises dépendent de la maigre commande publique qui leur est adressée. D'ailleurs, les 433 fermetures d'entreprises constatées de 2012 à 2014 s'expliquent en grande partie par la décision de l'État de réduire certaines de ses charges courantes dès 2012. Avec une croissance d'environ 7 %, intégralement phagocytée par des intérêts étrangers, une dette qui représente 63 % de son PIB et un service de la dette qui fait près de 9 % de son PIB en 2018, l'économie sénégalaise emprunte une pente qui risque de mener le pays à des ajustements par mesure de rigueur et d'austérité. Cette même situation a été constatée dans la Communauté Économique et Monétaire de l'Afrique Centrale (CEMAC) à partir de 2013. Le FMI a dû proposer à ces États l'austérité ou l'ajustement monétaire. Ils ont finalement opté pour l'austérité afin d'éviter la dévaluation qui, plus que jamais, est un risque grandissant dans toute la Zone franc.

Par ailleurs, suite aux 1 200 milliards de FCFA d'eurobonds souscris par l'État du Sénégal en 2018, il est logiquement légitime de s'interroger sur la cohérence de l'action économique de l'État sénégalais. Comment comprendre que l'État puisse lever 1 200 milliards de FCFA de dettes, alors que la loi de finances a prévu des emprunts de 641 milliards de FCFA pour 2018 ? D'autres types d'incohérences concernent le lancement de programmes sporadiques nécessitant des administrations parallèles, alors que les actions visées pouvaient correctement s'insérer dans les activités courantes des administrations publiques. Cette situation crée les mêmes télescopages administratifs que ceux décriés avec l'agenciarisation de l'administration qui s'est accentuée durant les années 2000. En confiant le Programme d'Urgence de Développement Communautaire (PUDC) au

PNUD, le Président Macky Sall veut certainement contourner les problèmes de célérité dans l'exécution des projets par l'administration publique. Mais il s'agit d'un affront dangereux, un manque de confiance vis-à-vis de l'administration publique sénégalaise, constituant un faux-fuyant à la place des réformes volontaristes et hardies qu'il faut courageusement entreprendre pour extirper toutes les tares dans l'exécution des marchés publics. Ce n'est pas l'administration publique sénégalaise qui est en cause, puisqu'elle regorge de compétences avérées souvent reléguées au second plan par la promotion de politiciens sans expérience à plusieurs postes stratégiques. La prise en compte des propositions contenues dans le rapport sur la réforme des institutions (2016) permettrait d'éviter plusieurs blocages.

D'ailleurs, le niveau exorbitant de la masse salariale dans l'administration (plus de 800 milliards en 2017)[3] s'explique en grande partie par les corps émergents et l'absence d'un régime salarial encadré au niveau des multiples agences et programmes publics. Le Président Macky Sall s'est limité en 2012 à plafonner à 5 millions de FCFA mensuels le niveau de rémunération des directeurs généraux, mais les dispositions, initiées depuis 2010, concernant la rémunération des autres cadres d'agence n'ont toujours pas connu de décret d'application. Le gouvernement a laissé exprès subsister cette situation pour pouvoir assouvir ses intarissables besoins clientélistes de caser du personnel politicien dans les multiples postes disponibles dans ces nombreux et redondants programmes et agences publics. Donc au lieu de se lamenter du niveau de la masse salariale, le ministère de l'Économie et des

[3] Les chiffres officiels mentionnent 586 milliards pour 2017 et 633 milliards projetés pour 2018. Mais ces chiffres ne tiennent pas compte de plusieurs autres types de rémunérations, dont celles des corps dits émergents.

Finances doit d'abord fouiller au niveau de l'Administration et des régimes indemnitaires. L'utilisation de la moitié des recettes fiscales pour payer les fonctionnaires représentant 1 % de la population peut inquiéter à première vue. Mais il s'agit du Sénégal, un pays pauvre à fortes pesanteurs sociales où il faut tenir compte du nombre de personnes dépendant de chaque salaire. Il incombe au gouvernement sénégalais de prendre les mesures qui sont bien à sa portée pour corriger toutes les anomalies. Il faut saluer la réforme engagée sur le régime indemnitaire ainsi que l'audit de la fonction publique entamé en 2013, qui ont permis de déceler 2 378 postes fictifs, 9 892 contentieux et d'autres tricheries sur les rémunérations. Ces actions, combinées avec la réduction du train de vie de l'État en général (passé de 12 % du PIB en 2011 à 7,8 % du PIB en 2017), devraient largement permettre de juguler la situation.

Les réflexions ci-dessus montrent que la rationalité politicienne ne s'accommode pas de la rationalité économique. Le désir d'un second mandat est bien palpable dans les stratégies du nouveau régime à compter de 2015. Le lancement du PUDC répond à la nécessité de s'occuper rapidement de la satisfaction des promesses tenues au niveau la clientèle politique rurale. De même qu'il est paradoxal d'enregistrer une hausse de croissance économique (de 6,2 % en 2016 à 7,1 % en 2017) et d'annoncer en même temps l'augmentation des bourses de sécurité familiale, dont le budget est passé de 20 milliards de FCFA en 2012 (200 000 familles) à 40 milliards de FCFA en 2018 (400 000 familles ciblées). Ainsi, les économies budgétaires faites sur l'audit de la fonction publique et la réduction du train de vie de l'État sont loin de suffire pour contenir les nouveaux besoins financiers de ces nouveaux projets et programmes. En termes nets, le budget de l'État s'en ressent drastiquement et inexorablement. Le gouvernement annonce ces dernières années des recettes budgétaires dépassant les 3 500 milliards de FCFA. Pour les 3 700 milliards de FCFA annoncés en 2018, on peut s'attendre statistiquement à plus de 3 400 milliards de FCFA de niveau d'exécution. L'État du Sénégal paie au maximum 70 milliards de FCFA de salaires et d'indemnités par mois et s'acquitte d'un service de la dette de 72 milliards de FCFA mensuels, soit en tout 1 700 milliards de FCFA sur les postes les plus importants en 2018. Donc, si le budget est de vérité, il reste une marge dépassant 1 700 milliards de FCFA annuels pour payer les autres charges courantes et d'investissements. Dès lors, le manque récurrent de liquidités publiques, de même que le niveau atteint par les arriérés au niveau interne, ne peuvent aucunement s'expliquer.

Les lancinantes tensions sociofinancières constatées ces deux dernières années montrent qu'il y a anguille sous roche et que le gouvernement dissimule des pratiques budgétaires douteuses. On peut entrevoir d'ailleurs les raisons pour lesquelles le ministère des Finances soutient mordicus que l'endettement du Sénégal est soutenable et que la signature du Sénégal est bonne. C'est pourquoi l'État sénégalais s'est donné la latitude de lever plus de 1 200 milliards de FCFA d'eurobonds en devises (dollars et euros) en 2018. Mais le contraste est que les bruits persistants sur la faramineuse dette intérieure, le creusement des inégalités sociales, la politisation à outrance de la pratique gouvernementale, le caractère embryonnaire d'un secteur privé local de plus en plus fragilisé et l'exacerbation du front social sont autant de signaux ostensibles qui ternissent davantage la signature du Sénégal, en le rétrogradant en même temps sur l'indice du développement humain.

Une première hypothèse importante est à prendre en compte : un pays qui attend, dès l'année 2021, un minimum de 1 000 milliards de FCFA annuels de recettes publiques sur le gaz et le pétrole ne peut pas manquer de bonne signature dans les marchés financiers. Dans ce cas, le gouvernement n'est-il pas en train d'embringuer le Sénégal dans une campagne de préconsommation d'une bonne partie de ses recettes pétrolières et gazières futures ? Un tel scénario priverait l'économie sénégalaise de ses réelles possibilités d'autofinancer son émergence et de constituer des réserves anticipatoires suffisantes pour les imprévus et les générations futures. La clé de répartition de ces recettes pétrolières et gazières retenue est d'en réserver une partie au budget de l'État, une partie à un fonds intergénérationnel et une partie à un fonds de stabilisation. Mais la logique de stabilisation doit être élargie vers l'incitation à l'investissement, notamment par des allégements fiscaux conséquents en faveur de l'entreprise sénégalaise. La simple logique de stabilisation crée un risque de dilapidation à l'image de ce qui s'est passé avec la caisse de péréquation dans les années 1990. Donc ce fonds de stabilisation pourrait être renommé en vue d'un usage pour la compétitivité de l'économie sénégalaise en général.

L'autre hypothèse plausible est le coût salé que le peuple doit supporter au nom de l'aspiration du Président Macky Sall à un second mandat. Dès 2014, le Président a péremptoirement exhorté ses ministres, directeurs et autres titulaires de strapontins à s'investir dans le terrain politique après avoir fait la place à 84 ministres au lieu des 25 promis en 2012. Le Président veut aussi des résultats d'émergence par saupoudrage infrastructurel avec du tape-à-l'œil. Il a déjà inauguré le pont de l'Émergence, il est en train d'ériger sa Cité de l'émergence, il est en phase avancée dans son pôle de Diamniadio (sphères ministérielles et palais des sports déjà inaugurés en 2018) et il s'est engagé dans l'un des projets de Train Express Régional (TER) les plus chers au monde (738 milliards de FCFA pour 54 km). En plus des

417 milliards de FCFA mobilisés pour l'autoroute Thiès–Touba, près de 1 000 autres milliards de FCFA ont été mobilisés ces six dernières années dans cette inique aventure, avec une vision qui ne dépasse visiblement pas Diamniadio et Diass. La réalité est que les pays émergents comme Singapour, la Malaisie, Taïwan et autres ont érigé leurs grandes infrastructures et leurs villes émergentes à la suite d'une croissance à deux chiffres sur 10-15 à 20 ans. Avec une moyenne de 5 % de croissance depuis son lancement en 2014, le PSE ressemble à un « Plan Sénégal Endettement » ayant recours à des emprunts inféconds ne servant qu'à une précipitation infrastructurelle insoutenable et à entretenir des slogans creux tels que « Programmes d'urgence », « Année sociale », etc.

Le PSE avait tablé sur 7,1 % de croissance en moyenne de 2014 à 2018 dans le cadre du Plan d'actions prioritaires (PAP). En cumul, le PIB du Sénégal devait croître de 28,4 % entre 2014 et 2017, mais la réalité a fait état de 4,1 % en 2014, 5,6 % en 2015, 6,2 % en 2016 et 7,1 % en 2017, soit un cumul de 23 %. Pour que les objectifs du PSE soient atteints en termes de croissance économique, il aurait fallu que le taux franchisse la barre des 12 % en 2017. D'ailleurs, cet objectif de 7,1 % de croissance en moyenne retenu dans le PAP manque bien d'ambition, étant donné la part importante des créations de richesse qui repose sur les investissements directs étrangers (IDE). Il ne peut s'agir en aucun cas d'une croissance inclusive, comme en atteste la situation actuelle où le rythme d'endettement s'est accru et où le front social reste en ébullition. Ces résultats appellent deux enseignements :

- En 2016, le classement du Sénégal par le PNUD au rang de 162e sur 188 pays dans le monde et de 30e sur 52 pays en Afrique permet de saisir la morosité de l'économie en termes de création de richesse. Cela corrobore le caractère non inclusif de la croissance et son défaut de création d'emplois avec un taux de chômage officiel à plus de 15 % en moyenne en 2017. La révision des méthodes de calcul du chômage aurait aussi permis de découvrir l'effroyable réalité sur le chômage.

- L'injection d'autant de fonds pour de si maigres résultats permet de pointer du doigt le niveau de productivité des facteurs de production. Au lieu de s'attarder sur la masse salariale dont le niveau élevé est un atout pour la consommation, le ministère des Finances devrait plutôt veiller à améliorer la productivité des fonctionnaires, réorganiser l'administration, s'attaquer au rééquilibrage des barèmes de rémunération et poursuivre de manière rigoureuse la réforme du régime indemnitaire.

En effet, avec un taux de croissance moyenne de 5 % entre 2012 et 2017 et un taux d'investissement de 28 %, le taux moyen de productivité du capital est de 18 %. Cela signifie que pour 100 FCFA investis, l'économie sénégalaise produit 118 FCFA, c'est-à-dire 18 FCFA de valeur ajoutée. Après avoir mobilisé 5 637 milliards FCFA de financements dans le cadre du PAP 2014-2018, la croissance économique cumulée a été d'un peu moins de 30 % à compter de l'année 2012. Le PIB du pays n'a donc même pas augmenté de moitié, représentant moins de 9 500 milliards FCFA. Cette situation est désignée chez les économistes par le concept d'« effet Averch-Johnson », qui décrit la tendance au surinvestissement quand la productivité du capital est faible. C'est à l'image d'un véhicule dont le moteur défectueux demande de plus en plus de carburant pour rouler. L'amendement qu'il faut intégrer sans délai dans le PSE est la révision des moteurs qu'il s'est fixé pour accélérer la croissance économique et la rendre inclusive. D'un autre côté, l'État se plaint du niveau atteint par les charges salariales (plus de 800 milliards de FCFA), qui ne doit pas dépasser 35 % des recettes fiscales selon les critères de convergence de l'UEMOA. Ces charges sont à 35 %, mais ce pourcentage n'intègre pas les divers autres salaires versés aux multiples corps émergents alimentés par le clientélisme politique et dont la prise en compte porte à plus de 42 % le rapport entre la masse salariale et les recettes fiscales.

Les entreprises publiques souffrent profondément du clientélisme politique, qui y promeut des recrutements pléthoriques et une main-d'œuvre de piètre qualité dans les hautes sphères de décision. Dans le cas de la Poste, en plus d'un trou de plus de 150 milliards de FCFA souligné en 2017 par les cadres de l'entreprise, notamment dans les mécanismes de compenses, il est relevé un retard effarant et une incapacité notoire à opérer les mutations que nécessite la révolution numérique. C'est le même cas au port de Dakar, où le nouveau directeur, nommé en 2017, avait bloqué des centaines de recrutements insensés de l'ex-directeur avant d'entamer un processus de validation suivant le slogan d'« année sociale » annoncée par le président de la République en 2018. Le port de Dakar est aussi interpellé par un encours d'endettement qui serait supérieur à ses 52 milliards de FCFA de capital.

Les économistes parlent de « slacks » dans ces cas d'anomalies managériales. Les « slacks » désignent les surcoûts en input (sureffectifs, surfacturations, autres interférences politiciennes, etc.) et les insuffisances en output (carences de productivité et dans l'offre, défaut d'adaptation, etc.). En dehors du port de Dakar et de la Poste, ces « slacks » caractérisent la quasi-totalité des services et entreprises publics et parapublics du Sénégal, sans épargner les autres programmes publics parallèles comme le Programme des domaines agricoles communautaires (PRODAC). La correction de ces « slacks » est un préalable à la réhabilitation de l'efficacité et de la performance dans toute la sphère de l'économie publique. Il s'agit toutefois d'un système têtu et profondément ancré dont l'extirpation est socialement quasi-impossible, à l'image des multiples mouvements de protestation des déflatés des anciennes agences, comme l'Agence d'appui aux marchands ambulants (ANAMA) et l'Agence nationale de l'emploi des jeunes (ANEJ). Ce clientélisme est en même temps un mécanisme d'appoint et de compensation devant l'incapacité de l'État à tenir sa promesse de création d'emplois suffisante pour les jeunes. Le gouvernement doit préférer l'efficacité et la performance dans toutes ses structures à ce clientélisme politique qui aggrave les sureffectifs et accentue ses charges salariales tout en laminant la productivité dans toute la sphère publique. L'enjeu immanquable est l'amélioration conséquente des marges de manœuvre financières de l'État en faveur des infrastructures structurantes dans le pays.

Sur le champ global des finances publiques l'adoption effective du mode de Budgétisation-Programmes (au lieu des Budgets-Moyens traditionnels), instituée par six directives de l'UEMOA depuis 2009, permettra d'extirper plusieurs carences et instaurer une logique de performance dans les dépenses publiques. Le Sénégal est dans une bonne dynamique expérimentale, suivant un calendrier qui devrait aboutir à une mise en vigueur effective de la réforme à l'horizon 2021. Une étude de la Direction de la Prévision et des études économiques (DPEE) publiée en janvier 2018 montre que l'application de la réforme Budget-Programmes va accroitre le bien être des sénégalais de 27%.

## 2. AU-DELÀ DES CONTINGENCES IDÉOLOGIQUES…

L'exercice ici est d'émettre un cri de détresse qui vise à rappeler et à exhorter, dès lors qu'il est difficile au Sénégal de dire quelque chose qui n'ait été déjà dite. Les idées et idéologies ne manquent pas au Sénégal, qui est un pays où la tradition de la réflexion et de l'écriture est bien ancrée. Le socialisme, le libéralisme, le trotskisme, le marxisme-léninisme et le communisme sont des idéologies qui n'ont pas manqué d'animateurs dans ce pays. Par la magie du reniement et de l'amour aveugle du pouvoir, toutes ces idéologies ont eu à partager le pouvoir politique à travers des gouvernements d'union nationale sous Abdou Diouf et par opportunisme politicien sous Abdoulaye Wade. Macky Sall a battu tous les records du cocktail et de l'hétéroclisme idéologiques. Son bilan très mitigé invalide toute idée faisant du développement une question d'idéologie, après l'échec cuisant du socialisme de Senghor et de Diouf et la stérilité du libéralisme de Wade amorcé dans les années 2000.

Les problèmes du Sénégal sont restés entiers. Pourtant, malgré plusieurs décennies de stigmatisation, des pays dits communistes, comme la Chine, ont pu inventer la tactique appropriée pour tirer leur épingle du jeu économique mondial. En revanche, le dogmatisme libéral du FMI n'a causé que des catastrophes économiques dans la plupart des pays sous ajustement structurel à partir des années 1980. Le triomphalisme libéral à la suite de l'éclatement du bloc communiste en 1990 n'a donc pas fait que des heureux. Des pays de tradition communiste et socialiste sont actuellement mieux lotis sur le plan économique que plusieurs pays africains où l'ajustement structurel a promu une profonde dynamique libérale. La France et la Suède sont deux pays du bloc occidental au sein desquels les passages répétitifs de régimes socialistes ont pu instaurer des dynamiques sociales qui tiennent la route. En Angleterre, le travaillisme de gauche de Tony Blair a permis d'atteindre le plein emploi dans les années 2000. À la question de savoir comment un homme politique de gauche peut se mettre à promouvoir une dynamique d'économie de marché, Tony Blair avait répondu que le meilleur système n'est pas celui de gauche ou de droite, mais c'est celui qui fonctionne. Deng Xiaoping a pu changer la face économique de la Chine à partir des années 1980 avec un système d'économie de marché. Il disait que peu importe que le chat soit gris ou noir, l'essentiel est qu'il attrape des souris. Au Sénégal, le Président socialiste Abdou Diouf a avalé, sans broncher, les recommandations libérales que lui avait imposées le FMI dans le cadre de l'ajustement structurel des années 1980. Ces quelques exemples montrent que la question idéologique est de plus en plus dépassée, supplantée par les logiques de pragmatisme et de vision. Coincés pendant plusieurs décennies dans des querelles autour du pouvoir et dans un zèle idéologique rétrograde, les pays d'Afrique subsaharienne ont péché par leur manque de vision propre.

Maurice Robert, diplomate et ancien patron du Service de renseignement français, était un acteur majeur de la face cachée des rapports entre la France et ses anciennes colonies d'Afrique durant plusieurs décennies. Cet ancien ambassadeur français au Gabon a révélé dans un ouvrage-entretien paru en 2004 que la politique française en Afrique a été concoctée suivant la vision de contenir l'envahissement de l'Amérique et de barrer la route au communisme. Mamadou Dia, tout comme Patrice Lumumba, Kwame Nkrumah, Thomas Sankara et même Cheikh Anta Diop, en ont fait les frais. Le Président Abdoulaye Wade a également payé les frais de sa ferme volonté de mettre en avant les intérêts du Sénégal devant la présence encombrante des intérêts français dans son économie. Il est toutefois compréhensible que les puissances coloniales se débattent aussi opiniâtrement pour conserver leur mainmise sur les matières premières africaines, dont la cherté post-indépendance, après la quasi-gratuité pré-indépendance, aurait pu anéantir le maintien de la viabilité et la compétitivité de leurs industries, qui ont été un atout principal durant la période des Trente Glorieuses

(1945-1975). Dans les années 1960 et 1970, les anciens colons avaient suffisamment de forces transitoires en Afrique pour perpétuer leur système de mainmise sur les économies et les matières premières africaines.[4] Il fallait stratégiquement compter sur des régimes aux ordres de la métropole pour la faisabilité d'une telle configuration de coopération. Cette triste réalité a ainsi coûté la vie à Patrice Lumumba, à Amilcar Cabral et à Thomas Sankara et liquidé politiquement Kwame Nkrumah, Mamadou Dia et leurs consorts. Les alertes et autres appels à l'unité de l'Afrique de Cheikh Anta Diop lui ont valu moult déconvenues dans sa carrière universitaire et d'autres lanceurs d'alertes ont été rangés dans le registre du communisme puisque leurs idées ne devaient en aucun cas prospérer. Dans un passé bien récent, plusieurs universitaires francophones ont été voués aux gémonies pour avoir juste osé critiquer le système franc CFA. Mais le combat au service des peuples africains doit transcender les carrières professionnelles. Malgré tout, Cheikh Anta Diop est aujourd'hui bien récompensé par l'histoire.

En Afrique, le péché originel, commis de conscience par des dirigeants complices, a été de considérer qu'on peut atteindre son but en marchant avec les yeux d'autrui. Les Africains ont été économiquement distraits par les recommandations inadaptées du FMI et une dépendance monétaire stérile et vampirique. À chaque fois qu'ils sont sur le point de déjouer un manège, un autre est inventé pour les distraire davantage. Cela a débuté dans les années 1960 et 1970, où l'on a fait croire aux Africains qu'ils n'avaient point besoin de s'industrialiser et qu'ils devaient plutôt se contenter de vendre des matières premières et d'importer des produits finis occidentaux. Par la suite, ce fut l'ajustement structurel, la libéralisation, la vente des

---

4 On se rappelle les immenses pouvoirs que le Français Jean Colin avait au Sénégal durant les années 1960, 1970 et 1980.

entreprises publiques aux multinationales occidentales, ensuite la dévaluation, puis l'endettement chronique en guise d'appui de chantage, etc. Les experts chargés d'exécuter ces recommandations ne maîtrisent pas les réalités africaines et leurs actions n'aident pas l'Afrique, mais elles satisfont les intérêts voraces de l'Occident et leur balisent des marchés et des débouchés pour leurs multinationales. L'opinion publique sénégalaise craint justement que le Plan Sénégal Émergent (PSE) ne dissimule une telle vision. La critique principale formulée à l'égard de ce PSE est qu'il ne s'agit pas d'un vrai plan, mais d'une compilation de 27 projets à coup de milliers de milliards de francs CFA, dans laquelle la métropole française s'est taillé la part du lion. Un plan d'émergence, ce n'est pas que des milliards de francs CFA, des tonnes de produits agricoles ou de béton armé, mais cela revêt des aspects qualitatifs plus cruciaux qui transcendent tous les aspects quantitatifs. D'ailleurs, les esprits avertis reconnaissent que le développement concerne en même temps des sauts qualitatifs en termes de mentalités et de comportements, alors que le document du PSE ne contient aucune rubrique de financements pour ces préoccupations. Or, l'esprit d'entreprise bien inculqué et encadré, combiné avec une bonne culture du consommer local, aurait permis une transformation du million de tonnes d'arachides récoltées en 2017-2018 et pour l'écoulement desquelles le gouvernement du Sénégal ne s'est récemment pas gêné de faire appel aux Chinois et aux Turcs.

Il est fondamental de produire et de créer des richesses. Mais qu'est-ce qui est fait pour un bon usage des richesses si l'on sait par exemple que le Sénégalais croule sous une grande propension à éparpiller ses moyens dans des cérémonies ? Même s'il est bon de faire des constructions et des embellissements, qu'est-ce qui est fait pour une discipline d'entretien et pour la salubrité si l'on sait que le

Sénégal est l'un des rares pays de croyants dans lequel il est difficile de voir une poubelle dans la rue pour mettre les emballages d'aliments usités et autres déchets ? C'est pourquoi Samir Amin avait déclaré que le PSE, c'est de la fumée. Il s'agit d'un plan aérien sans âme qui ne repose sur aucune vision de bonds qualitatifs en avant. Il mène dangereusement l'économie du Sénégal dans une dynamique de croissance tirée par des dépenses publiques largement capturées par les multinationales françaises, turques, marocaines et chinoises, qui ont raflé la plupart des marchés d'infrastructures.

Trente-huit ans d'accompagnement sans résultats satisfaisants devraient convaincre le FMI et les autres partenaires de la nécessité d'un changement de paradigme et de l'adoption d'une vision arrimée aux réalités des pays. Il faut présumer que cela ne les intéresse pas, puisqu'ils se terrent dans un moule dont le fondement hégémoniste initial dépasse la conscience des exécuteurs actuels qui, à chaque fois qu'ils prennent la parole, donnent l'impression de vouloir bien faire. Il s'agit même souvent d'Africains bon teint, cadres du FMI, mis en avant dans des positions bien rémunérées pour agir contre les intérêts de leur peuple. Ce même lavage de cerveau a atteint certains cadres des Banques centrales de la Zone franc, qui n'hésitent souvent pas à répondre aux pourfendeurs du système franc CFA. L'observation du circuit d'évolution des pays émergents d'Amérique latine et d'Asie donne pourtant aisément à comprendre que jamais les recommandations exogènes n'ont développé un pays et qu'il faut résolument compter sur les forces endogènes aussi bien pour les investissements que dans l'expertise. L'Éthiopie est actuellement dans une bonne dynamique économique sans avoir jamais pris au sérieux les recommandations des institutions de Bretton Woods. Cela lui a valu un embargo économique déguisé ayant provoqué la famine dans les années 1980. Mais la patience dans la planification endogène a permis à l'Éthiopie d'enregistrer ses brillants résultats économiques actuels.

Globalement, le constat est sans appel : les relations économiquement parasitaires qu'entretiennent les anciens colons européens avec leurs anciennes colonies africaines sont plus que jamais démasquées. Le libéralisme qui a été triomphalement préféré à toutes les autres idéologies n'a pas convaincu. Tant les inégalités que l'immoralité et la déraison ont empiré à travers le monde. Ce néocapitalisme dépravé est venu instaurer une mécanique économique qui dessert les masses populaires, avec la complicité des gouvernants. En mars 2018, Serigne Moustapha Sy[5] a bien expliqué ce système par lequel le pouvoir capitaliste (*milkia* en arabe) finance les élections pour capturer le pouvoir politique (*moulkia* en arabe), qui à son tour s'allie avec le pouvoir religieux (*malakoùtiya* en arabe) pour la conservation du pouvoir. Le problème est que le pouvoir capitaliste sénégalais est aminci et dégraissé, avec la complicité des dirigeants sénégalais, par un capitalisme étranger de plus en plus envahissant. Telle est, sans ambages, la têtue et sexagénaire configuration sociopolitique du Sénégal. Cette situation révoltante doit cesser et elle interpelle au premier chef toute la classe politique sénégalaise.

Le Président Macky Sall est, quant à lui, un *tire-au-flanc*. Il a renié sa promesse concernant son mandat, maintenu son statut de chef de parti, opéré des retouches constitutionnelles impopulaires, nommé son petit frère – pour qui il avait juré de ne jamais signer un décret – à un poste de Direction, et il a interféré dans la justice, notamment sur l'exploitation de plusieurs rapports des

---

[5] Responsable moral du mouvement Moustarchidini Wal Moustarchidaati, lors d'une conférence en Gambie.

structures de contrôle des finances publiques. Il n'est vraiment pas sur la meilleure des voies malgré la grande volonté qu'il avait exprimée en 2012. Il a fait basculer le Sénégal dans un éternel recommencement, là où les conséquences des ambitions politiques égoïstes de Senghor, qui ont perdu Mamadou Dia, devaient lui servir de leçon. Animés des mêmes ambitions de pouvoir absolu que Léopold Sédar Senghor, Abdou Diouf et Abdoulaye Wade n'ont pas su surmonter la cacophonie institutionnelle qui a perduré jusqu'à Macky Sall. Mamadou Dia n'en est pas moins victime de l'emprise post-colonialiste de la Françafrique, et serait également, selon plusieurs observateurs, l'instigateur embusqué des difficultés du Président Wade, qui a osé s'en prendre aux intérêts de la France durant la période 2000-2012. Macky Sall n'a pas aidé le peuple sénégalais à comprendre le contraire. Six ans de pouvoir lui ont suffi pour promouvoir le retour en force des Français dans l'économie sénégalaise, en défendant sans modération la monnaie de servitude que constitue le franc CFA.

Le Président Macky Sall s'est expressément laissé berner et noyer dans l'entretien des intérêts voraces de la France et dans une surenchère coopérative vis-à-vis d'autres pays comme la Chine, la Turquie et le Maroc. Il s'est ainsi engagé dans un paradigme d'actions qui ne lui laissent aucune marge de sauvegarde des intérêts du Sénégal. Il en est malheureusement de même pour la plupart des leaders politiques qui sont ou ont déjà été aux affaires, et victimes au même titre, qu'ils le sachent ou pas, d'un lavage de cerveau qui a inhibé leur courage d'engager avec fermeté les réformes que les Sénégalais et les Africains attendent urgemment de leurs dirigeants. Les récurrentes volte-face de plusieurs hommes politiques qui mangent à tous les râteliers de la majorité présidentielle, suivant les régimes successifs depuis les années 1960, montrent à quel point certains des hommes politiques sénégalais sont indignes de confiance. Plusieurs des mêmes personnes qui ont combattu Abdoulaye Wade pour des révisions constitutionnelles dites déconsolidantes sont venues défendre le projet de loi sur le parrainage le 19 avril 2018. Il y a un réel problème de principes et de morale politiques qui laisse entrevoir les intentions cyniques, mesquines, égoïstes et égocentriques de la majorité des hommes politiques sénégalais. Un *hadith* très largement diffusé du Prophète Mouhammad (PSL) dit que « les actions ne valent que les intentions qui les ont inspirées ». Les intentions des leaders susceptibles de sauver le Sénégal doivent transcender le simple désir d'arriver au pouvoir avec des promesses qu'ils ne peuvent pas respecter sans piétiner les intérêts étrangers qu'ils sont tenus de sauvegarder. À chaque élection rejaillissent des soupçons de financements provenant de lobbies nationaux et surtout étrangers. L'heure est grave. Ce système parasitaire est démasqué et cela appelle l'urgence d'actions salvatrices.

Il est plus que jamais temps de passer à l'action et ce ne sera pas facile du fait de la coriacité de ce loup occidental décidé à ne pas lâcher prise. À ce propos, cette assertion formulée par Cheikh Anta Diop (1974) est encore d'actualité :

*Nous ne sommes pas encore libres, même à la suite de ce desserrement de liens, car nous ne pourrons pas choisir un régime politique et social différent de celui du camp occidental sans risquer de nous battre militairement ou de nous voir renverser par des intrigues, utilisant des partis locaux d'obédience occidentale. C'est à cette dernière ligne que se retranchent, camouflés, les bataillons de l'Occident impérialiste, qui prétend faire dépendre son sort économique et sa civilisation de la conservation de l'Afrique.*

Cette vision pour l'Afrique est clairement posée et matérialisée. Et en se débattant pour sortir des griffes de ce loup occidental, ces mêmes pays africains se pavanent dangereusement devant la gueule du lion qu'est la Chine et devant d'autres loups affamés tels que la Turquie, l'Inde et le Maroc.

Il n'est cependant point question de rompre les liens de coopération qui constituent un volet important et inaliénable du redressement économique. Il faut juste prendre conscience de leur caractère déséquilibré et désavantageux vis-à-vis des intérêts nationaux et entreprendre les actions correctives. Certains économistes sont, à juste titre, convaincus qu'il est préférable de remodeler la coopération avec l'Occident que de se jeter si aveuglément entre les mains de la Chine. Celle-ci fait fi des exigences de la démocratie, de l'environnement et des équilibres macroéconomiques dans les pays où elle est présente. La Chine est plus envahissante et sa forte capacité industrielle risque d'anéantir les visées de production endogène des pays où elle déverse en masse ses produits finis. Il faut d'ores et déjà des mesures drastiques de restriction pour limiter les dégâts en attendant une formule de coopération plus symbiotique. Par contre, les partenaires occidentaux accompagnent leur aide (maintenant très réduite) d'un certain nombre de critères sur les finances publiques et le niveau des créations de richesses. Devant la menace que sont la Chine, le Japon et les autres pays émergents pour ses intérêts en Afrique, l'Occident est certainement dans les bonnes dispositions pour revoir sa copie.

La Chine elle-même n'a finalement ratifié le traité de l'Organisation Mondiale du Commerce (OMC) qu'en 2001, après avoir pris le temps de parachever ses stratégies industrielles dans le sens d'éviter d'être uniquement un débouché pour les produits étrangers. Actuellement, ses exportations lui ont procuré plus de 4 000 milliards de dollars de réserves de change lui ayant permis d'être la première souscriptrice aux bons du Trésor américain, tout en lui donnant des marges suffisantes de manipulation de son taux de change en faveur de ses objectifs de commerce international. La littérature économique établit que tous les autres pays développés l'ont été sur la base d'une vision appropriée, instituant un système de gouvernance adapté à leurs réalités internes et véhiculé dans une série de réformes arrimées à un rythme respectant une chronologie basée sur les préoccupations du moment. C'est devant le rythme accéléré des réformes dans l'Union européenne au début des années 2000 que le Premier ministre Lionel Jospin avait déclaré que la France allait souscrire à toutes les réformes, mais qu'elle le ferait suivant un rythme qui préserverait ses intérêts économiques. L'Afrique, quant à elle, s'est imprudemment engouffrée dans tous les cadres de réglementation multilatérale dont la philosophie promeut explicitement la loi des plus forts. L'Occident et la Chine servent leurs intérêts sans modération suivant la vision que si le lion a pitié de la gazelle, c'est lui qui va mourir de faim. La ferme volonté qui fait défaut aux leaders africains est celle de se fixer une vision et de se donner les moyens de sa réalisation.

En tant que préalable incontournable, il faut bâtir la vision à court terme d'une Afrique libre de ses mouvements politiques, économiques et financiers, afin de libérer toutes les énergies des pays dans le sens d'un sursaut endogène. Le Sénégal dispose d'un potentiel inouï pour s'ériger résolument en modèle de performance politico-économique et social en Afrique. En atteste, sur le plan politique, son leadership panafricain, même s'il est un peu terni durant cette période 2012-2018 par une carence en vision panafricaine dans l'action du Président Macky Sall. En Asie, le modèle de développement fait état métaphoriquement d'une sorte de vol d'oies sauvages, avec le Japon en tête de peloton à partir des années 1960. Ces « dragons » asiatiques ont été suivis par l'oie géante qu'est la Chine, qui a patiemment pris son temps pour s'imposer solidement sur la scène économique internationale à partir des années 2000. En Afrique, le Maroc, le Botswana et le Rwanda sont de plus en plus cités comme étant les potentielles oies directrices que les autres pays peuvent imiter. L'Afrique peut ainsi compter sur plusieurs modèles en s'appuyant sur ses spécificités et ses diversités culturelles et spirituelles. Le premier obstacle à franchir consiste à tenir bon dans la guerre de l'information.

Les batailles de l'information constituent un crédo primordial sur le chemin de l'intégration africaine. L'Afrique croupit sous le joug de la puissance médiatique de l'Occident, qui peut en un clin d'œil lui coller une étiquette portant un grand coup à son tourisme et à son climat des affaires. L'affaire de la maladie à virus Ebola des années 2014-2016 en est un exemple patent. L'annonce d'un seul cas à Dakar en juillet 2014 a coûté des milliards de francs CFA au tourisme sénégalais durant la même année. La responsabilité des médias africains est également engagée. Ils doivent être au premier plan dans le combat pour une meilleure maîtrise de l'information à travers un ordre patriotique du journalisme et des conventions collectives dans un cadre africain intégré. Le nœud initial à défaire est la carence financière des médias africains, qui sont enclins à saisir toute opportunité de scoop pour assouvir des objectifs de chiffre d'affaires. Depuis les années 2000, le New Partnership for African Development (NEPAD) avait prévu des actions concrètes dans ce chantier de l'information et de la révolution numérique. Ce volet global de l'économie numérique est alors le domaine prioritaire qui requiert le plus d'actions coordonnées au fur et à mesure que les marchés africains vont s'intégrer.

L'Afrique entière représente 4 % du Produit mondial brut et environ 2 % du commerce international. Il ne lui reste aucune autre voie de salut que la poursuite accélérée des dynamiques d'intégration, qui doivent plus que jamais être un volet phare dans les programmes politico-économiques partout en Afrique.

## 3. Construire une vision cohérente vis-à-vis des idéaux religieux et spirituels

Il est vrai que l'idéologie est d'essence rationaliste, puisqu'elle se développa en Europe au 19e siècle à l'issue des combats de déconnexion de la gouvernance des nations vis-à-vis des religions. Le rationalisme des temps modernes est ainsi une forme de rupture avec les époques antérieures dominées par la religion et le mythe. Un certain européocentrisme s'est historiquement développé autour de l'idée – répandue chez les intellectuels africains – selon laquelle l'idéologie est une démarche rationnelle propre à l'Europe et que les pays africains n'ont d'autre choix que de s'inspirer des idéologies européennes. Mais après plusieurs décennies de mimétisme et d'errements idéologiques, le diagnostic à propos des crises récurrentes et multiformes qui perdurent au Sénégal et en Afrique depuis leurs indépendances est sans appel. De la dépendance idéologique est née une dépendance économique profonde, alimentée par cette naïveté africaine sur laquelle l'Occident base sa vision hégémoniste. Les maux des sociétés d'Afrique subsaharienne prennent leur source dans l'ineptie bien ancrée chez leurs dirigeants, consistant à s'obstiner dans l'inspiration sur des idées importées et à se résigner déplorablement dans le complexe d'anciens colonisés faisant aveuglément confiance à leurs geôliers. Mais selon une célèbre citation de Socrate : « Pour vous retrouver, assumez le risque de penser par soi-même ». Sous l'optique rationaliste des Européens, il est difficile de faire la jonction entre l'idéologie en tant que telle et les idéaux religieux et spirituels. Néanmoins, compter sur soi-même pour bâtir cette source d'inspiration de l'action qu'est l'idéologie ne peut se faire sans prise en compte des valeurs spirituelles et religieuses dont l'absence justifie, chez nombre de penseurs contemporains, les échecs multiformes des systèmes actuels en place, notamment le capitalisme.

Dès lors, l'autre question qu'il faut se poser est de savoir pourquoi se fourvoyer à appliquer des idéologies qui ne sont que le fruit d'imagination de l'homme avec toutes ses faiblesses. Il y a plus de 2 500 ans que Confucius écrivait : « Apprendre sans réfléchir est vain. Réfléchir sans apprendre est dangereux ». Une des interprétations à donner à cette assertion est de considérer que l'homme a toujours besoin d'une bonne source d'appréhension. Mais l'équation est de trouver le support sur lequel on doit apprendre. Faut-il apprendre des humains ? Ou faut-il apprendre de Dieu, qui détient le savoir suprême, parfait, immuable et infini ? Le socialisme, le marxisme-léninisme et le communisme viennent des réflexions de Karl Marx, d'Engels et de Lénine. Le trotskisme vient de Trotski. Le libéralisme est une forme prétendument rénovée du capitalisme, théorisée par l'école de Chicago, dont le chef de file est le prix Nobel d'économie en 1976, Milton Friedman. Le travaillisme a été théorisé par la société socialiste britannique (1884). La physiocratie, l'une des grandes théories économiques classiques, est l'œuvre de François Quesnay (1756). Pour ne citer que celles-là, l'application de ces inspirations théoriques de part et d'autre de la planète a abouti aux crises économiques actuelles : un monde insolemment riche avec de plus en plus de pauvreté, d'inégalités extrêmes, de dégradation de l'environnement et de toutes autres sortes d'excès et de gaspillage.

Mais le même raisonnement que celui appliqué pour chaque individu peut être utilisé pour comprendre les disparités économiques mondiales. Chaque individu est différent dans sa manière de penser, de vivre, de dépenser et d'investir. De même que chaque nation a ses spécificités culturelles, ses pratiques traditionnelles, ses manières de vivre, etc. Un individu peut gagner deux fois moins de revenus et vivre plus épanoui qu'un autre, cela dépend de la personnalité et du type de rationalité de chacun. Ainsi, il existe des pays créant beaucoup de richesses où la vie est moins facile que dans plusieurs autres pays économiquement moins lotis. D'autres critères peuvent ainsi être intégrés dans l'analyse : les mentalités, le niveau de l'éducation, le mode de gouvernance, le système monétaire, etc. Cette brève réflexion montre que le même paradigme d'actions ne peut pas fonctionner pour tout le monde. Le développement requiert la prise en compte de plusieurs paramètres concernant les réalités d'un pays donné, relativement à ses expériences déjà vécues. L'idéologie, selon Abdoulaye Wade (2005)[6], est évolutive dans le temps, selon les valeurs qu'elle intègre ou rejette, et un même individu ou une même société peut passer d'une idéologie à une autre. Cette volonté d'ajustement idéologique animait certains leaders africains au lendemain des indépendances. Les Africains regrettent profondément Patrice Lumumba, Kwame Nkrumah, Mamadou Dia, Thomas Sankara, Cheikh Anta Diop et tous les autres leaders, acteurs de l'indépendance, tombés sous la guillotine des intérêts post-coloniaux.

Mamadou Dia a été sacrifié en 1962 pour ses idées humano-communistes et ses combats dès 1960 au service

---

6 Dans *Un destin pour l'Afrique*, réédition de 2005.

de la liberté d'action de l'État sénégalais vis-à-vis de la France. Cheikh Anta Diop a été un grand intellectuel également marginalisé selon la même démarche de stigmatisation, et ses mémorables idées raisonnent de manière encore plus retentissante au fur et à mesure que les échecs se succèdent sur les plans de l'économie et de l'intégration africaines. Devant leurs problèmes actuels d'énergie, les Ghanéens sont nostalgiques de l'appel à l'unité africaine de Nkrumah, en 1958, en vue d'une coordination des actions devant les investissements colossaux que demandait l'exploitation des potentialités énergétiques d'Inga, au Congo. Après les dégâts causés par Mobutu de 1961 à 1993 et la déconfiture actuelle de leur économie, les Congolais regrettent Patrice Lumumba, qui a eu le tort de vouloir restaurer la dignité du peuple congolais et de le responsabiliser dans la gestion du pays, en 1960. L'Afrique du Sud n'a pu surmonter ses tensions socio-économiques qu'en mettant en œuvre les valeurs de l'*Ubuntu* (humanisme et pardon), théorisées par Nelson Mandela lors de son mandat présidentiel de 1994 à 1999, après 26 ans d'incarcération par le régime de l'apartheid. Ces quelques exemples héroïques montrent que l'Afrique a toujours regorgé d'un trésor de dignes éminences grises et d'un potentiel inouï d'autosuffisance intellectuelle. C'est pourquoi l'opinion publique africaine considère que ces héros historiques doivent être réhabilités comme maîtres à penser pour une Afrique moderne et ancrée dans ses valeurs. Les Chinois l'ont d'ailleurs jadis compris en réhabilitant Confucius – ou Maître Kong –, en prélude à leur actuel envol fulgurant sur le plan économique.

En Russie, le système communiste de planification, dans lequel les croyances religieuses étaient bannies, a échoué. Le même fiasco a été observé dans tous les pays européens dits de l'Est. Dieu a montré par-là que pour réussir, l'homme, qu'Il a gratifié du statut de vicaire sur terre, doit exclusivement mettre en exergue la manifestation de Sa Gloire dans chaque acte qu'il pose. Dans le Coran, il est clairement mentionné que Dieu n'a créé les hommes que pour qu'ils L'adorent. Tout le reste n'est que support au service de cette fin spirituelle. Les deux rares pays au monde qui se plaignent le moins de la crise économique actuelle sont la Turquie, où la gouvernance s'efforce de s'inspirer des vertus islamiques, et l'Allemagne, où les valeurs chrétiennes ne sont pas laissées en rade dans la conduite des affaires du pays. Globalement, il est de plus en plus ressenti que les valeurs de justice sociale, de morale et de respect de la dignité humaine théorisées par le prophète Insa (Jésus pour les chrétiens, Paix sur Lui) et peaufinées dans l'islam constituent l'ingrédient qui manque à la cuisine économique mondiale. Ces valeurs ont été éclaircies et perpétuées par de multiples apôtres et autres érudits. L'ignorance et la négligence des œuvres de ces grands érudits constituent indubitablement le péché originel le plus grave dans les projets de société en Afrique. Il importe alors de s'exercer à exhumer les écrits de la multitude de maîtres à penser que comptent le Sénégal, et l'Afrique en général, et qui ont, chacun d'entre eux, véhiculé une philosophie et une vision pouvant être les supports d'actions salvatrices de gouvernance. Un tel exercice permet de stimuler le courage et l'audace des hommes politiques dans le sens de les intéresser à la manne de pensées léguées par leurs illustres ancêtres. Le Sénégal a la bonne particularité d'être peuplé à plus de 99 % de croyants qui ne doivent pas rechigner à s'inspirer de leurs immenses legs spirituels. Pour être cohérent avec l'idéal religieux, il est temps que les enseignements des prophètes et de leurs apôtres inspirent les modèles de société des pays africains.

La recherche de la félicité spirituelle fait de l'effort, de la droiture, du partage et de la solidarité quatre valeurs sacrosaintes qui doivent fonder l'action du vrai croyant. Et à la fonction microéconomique d'utilité du consommateur, il faut allier une fonction d'utilité spirituelle des revenus et des profits. La vie matérielle n'est finalement qu'un support pour l'élévation spirituelle. Il est toutefois difficile de faire la jonction entre les visions athéistes qui prennent le matériel pour une fin en soi et les visions religieuses qui font du matériel une fin au service des fins spirituelles. Toujours est-il que le vrai croyant, conforme à son statut de vicaire sur terre, doit se positionner en exemple inspirateur vis-à-vis de tous les autres comportements non conformes. La vie matérielle ne peut être qu'un support pour l'élévation spirituelle. Chaque croyant doit se munir d'une forme de rationalité spirituelle en faveur d'une nouvelle vision de l'économie fidélisée vis-à-vis de la logique précautionneuse et moralisante théorisée par plusieurs grands prophètes.

- La précaution, la prévoyance et la solidarité sont des principes immuables en matière économique. Le prophète Youssouf (PSL) en a montré la voie de par sa victorieuse stratégie ayant permis de surmonter les crises économiques qui menaçaient l'Égypte et ses environs à son époque. L'impôt anticipé (ou impôt prépayé) est l'instrument qu'il avait utilisé.

- Le prophète Insa (PSL), ou Jésus pour les chrétiens, a été le plus grand théoricien de l'équité et du positionnement des biens matériels comme des instruments exclusifs d'adoration de Dieu. Son court passage sur terre a été plus que suffisant pour indiquer la voie du salut pour l'homme suivant le chemin de l'acquisition de la Grande promesse de Dieu.

- Le prophète Mouhammad (PSL) a été le plus grand théoricien de l'équilibre, de la mesure et de la justice sociale. À sa suite, son khalife, Oumar Ibn Al Khatab (RTA), a institué un excellent système d'assistance sociale basé sur la mise en œuvre rigoureuse des mécanismes de la *Zakat* suivant la logique qu'une partie des surplus des croyants doit servir à assister les pauvres.

Le prophète Mouhammad (PSL) a été à la fois un leader politique et spirituel ayant exercé en même temps ces deux pouvoirs en Arabie. Il a ainsi fondé une religion et un grand État gouverné dans la justice, la mesure, l'équilibre et l'équité sociale. Son action confirme et complète les valeurs théorisées par d'autres prophètes sur les exigences de l'adoration de Dieu, du management des affaires et des hommes, et du respect des équilibres et de la mesure dans le corps humain, dans l'environnement et dans les relations humaines et sociales. L'inspiration de l'humanité sur ces valeurs prophétiques aurait pu permettre de résoudre et de prévenir les récurrentes crises économiques, sociales, sanitaires et morales dans le monde actuel. Le Sénégal compte à foison de dignes héritiers de ce legs spirituel, qui ont pris le relai des prophètes et des autres saints dans un cycle de rappels continus. Certains de ces héritiers de Mouhammad (PSL) ont eu à exercer les deux pouvoirs spirituels et temporels tout en étant des chefs de guerre, comme l'a parfaitement été le Prophète lui-même. On peut citer Cheikh Oumar Foutiyou Tall et Thierno Souleymane Baal, ayant régné dans le Fouta (nord).

Thierno Souleymane Baal a été l'acteur principal de la révolution du Fouta en 1776 et le fondateur de la Constitution de l'Almaamiya. L'article 6 de cette Constitution stipule que « l'impôt, le produit des amendes et tous les revenus de l'État doivent être utilisés pour des actions d'intérêts généraux ». Outre cet article, qui interpelle directement les méthodes actuelles de gestion des finances publiques sénégalaises, le Cheikh a formulé d'autres recommandations, tout aussi cruciales, qui démontent les fausses allégations d'une Afrique civilisée par la colonisation. Sept petites recommandations ont suffi à Souleymane Baal pour indiquer une voie sûre de la gouvernance démocratique, juste et transparente :

1. Détrônez tout imam dont vous voyez la fortune s'accroître et confisquez l'ensemble de ses biens ;

2. Combattez-le et expulsez-le s'il s'entête ;

3. L'imamat ne doit pas être comme une royauté héréditaire où seuls les fils succèdent à leurs pères ;

4. L'imam peut être choisi dans n'importe quelle tribu ;

5. Choisissez toujours un homme savant et travailleur ;

6. Il ne faudra jamais limiter le choix à une seule et même tribu ;

7. Fondez-vous toujours sur le critère de l'aptitude.

Ces recommandations du Cheikh prennent en charge la totalité des actes de mal-gouvernance qui tirent le Sénégal et l'Afrique vers le bas. Leur mise en œuvre permettrait de combattre majestueusement les nébuleuses sur les finances publiques, la corruption, la concussion, le népotisme, le clientélisme et le favoritisme, ostensiblement érigées en pratiques de gouvernance au Sénégal et en Afrique. Jérôme Pétion de Villeneuve, acteur de la Révolution française (1789), a affirmé que Thierno Souleymane Baal, ayant été élevé au rang des prêtres, a apporté sur le trône plus de lumière que ses prédécesseurs. Pour l'humaniste suédois Bernhard Wadström, le Cheikh était un homme dont l'esprit a été plus cultivé que celui des autres princes noirs et qui s'est rendu tout à fait indépendant des Blancs[7].

Cheikhou Oumar Foutiyou Tall (1797-1864) mérite d'être appelé le « Guide des Guides » du fait de ses actions héroïques qui ont propagé d'abord l'islam puis la *Tidjaniya* en Afrique noire. Il a été le plus illustre pionnier-serviteur

---

[7] Extraits de l'exposition sur l'idéologie et la vie de Thierno Souleymane Baal à la bibliothèque universitaire de Dakar en 2016 à l'occasion du 240e anniversaire de la révolution du Fouta.

de l'islam en Afrique, ayant entrepris des guerres contre le colonisateur qui était détenteur d'un message d'Évangile. L'œuvre de Cheikhou Oumar Tall est la plus colossale parmi les guides religieux en Afrique tant son message a transpercé les frontières africaines, du nord au sud en passant par l'Afrique centrale. L'un de ses plus importants messages est évidemment le caractère fondamental de la sécurité et de la stabilité, comme le montre l'intitulé de son chef-d'œuvre littéraire : *Ar Rimaah* (« Le sabre »). L'étude approfondie de son message pourrait ainsi permettre d'apporter une réponse magistrale à la menace sécuritaire actuelle qui pèse sur les pays de l'Afrique de l'Ouest. Son héritier spirituel, Elhadji Malick Sy (1855-1922), est venu parachever son œuvre sur la propagation de la *Tidianiya* en Afrique avec tous les rudiments de la *Charia* qui vont avec, notamment les mosquées et les écoles coraniques. C'est ce qui fera dire à Paul Marty (1917) :

*Lettré fort remarquable, particulièrement versé dans toutes les sciences juridiques et littéraires, Elhadji Malick Sy paraît être le marabout le plus instruit du Sénégal. La haute culture d'Elhadji Malick Sy, la renommée de son enseignement, sa vie simple et son désintéressement expliquent l'influence exercée par ce marabout et la vénération dont il fait l'objet de la part de tous les musulmans sénégalais.*

Elhadji Malick Sy, ou Maodo, a ainsi été un modèle de fidélité, de loyauté et de tolérance religieuse. Il a aussi été un chantre incontesté du dialogue interreligieux, de la concertation, de la citoyenneté, de la mesure et de l'équilibre vis-à-vis de la nature et dans les relations sociales et humaines. Sur les colonisateurs, Maodo avait l'habitude de dire qu'ils étaient pour lui comme le feu, s'il les approchait trop, il avait chaud, et s'il s'éloignait trop d'eux, il avait froid. Donc, quel que soit le regard que l'on a eu sur eux, les colonisateurs étaient à la fois une opportunité et une épreuve venant d'Allah (SWT), et les Africains n'ont eu d'autre choix que de s'en accommoder. En fin stratège, Elhadji Malick Sy a pu faire construire une *Zawiya*[8] à côté de la cathédrale et du palais de la République à Dakar, une *Zawiya* à côté de la cathédrale et du palais de Faidherbe à Saint-Louis, et une *Zawiya* à Tivaouane, capitale de la *Tidianiya*. Il en a promu la construction un peu partout en Afrique noire par la formation de centaines de *Moukhadams*[9]. Il a traduit en acte le verset coranique disant : « À vous votre confession et à moi la mienne », indiquant le comportement à adopter vis-à-vis des diversités confessionnelles.

Cette haute responsabilité dans la société sénégalaise a été perpétuée par son digne héritier, le khalife Ababacar Sy, à qui s'adressaient les gouverneurs et autres représentants coloniaux pour toute question sensible. À la suite de ce dernier, le nom de son frère cadet, Elhadji Abdoul Aziz Sy Dabakh, est cité à chaque fois que le Sénégal traverse des moments de tensions, tant son œuvre de sentinelle de la paix et de garantie du dialogue islamo-chrétien a été colossale. Le khalife Ababacar Sy est le concepteur de la formule du *Dahira*. Il s'agit de mouvements d'adeptes qui se rencontrent, échangent sur leur dévotion et leur rôle dans la société, et cotisent (« *dadié ak dadialé* » en wolof), pour raffermir leurs liens humains et s'entraider socialement dans un cadre fraternel, citoyen et de tolérance. Ababacar Sy avait créé à cet effet la *Dihiratoul Kiraame* en 1927. Sylvain Sakalé, administrateur de la subdivision de Tivaouane, mentionne dans son rapport du 4 mars 1949 que le Khalife s'était régulièrement donné en exemple pour pousser les populations au paiement de l'impôt et à la gestion des ordures. Cette approche peut nettement venir en

---

8 Grande mosquée faisant aussi office de siège ou de quartier général des rituels de la Tidianiya.

9 Leaders dans la confrérie Tidianiya.

appoint à l'ensemble des actions que l'État mène pour une saine dynamique citoyenne et de partage de tous les risques sociaux. Cette philosophie, provenant d'un legs prophétique commun, est fort heureusement partagée dans toutes les confréries du Sénégal.

Cheikh Ahmadou Bamba (1853-1927), le fondateur du mouridisme, a montré une voie salutaire pour générer des ressources garantes de la dignité humaine tout en voguant dans une orbite spirituelle salvatrice : « Travailler rudement comme si on ne doit jamais mourir et adorer Allah (SWT) rigoureusement comme si on doit mourir l'instant après ». Son fils et khalife à partir de 1945, Serigne Fallou Mbacké, a été un acteur incontournable dans la construction politique et citoyenne du Sénégal. Les travaux infrastructurels qu'il initia à Touba durant son khalifat ont inculqué aux Sénégalais les valeurs de l'amour de la patrie et de l'engagement au service de l'intérêt général. Dans cette voie soufie du mouridisme, la valeur du *Ndiguel* est une exhortation à la confiance au guide (*kilifa*). Le *Ndiguel* englobe le comportement respectueux et d'obéissance que les citoyens, disciples par ailleurs, doivent nourrir vis-à-vis de l'institution présidentielle. Mais le guide religieux, tout comme le président de la République, doit œuvrer dans le sens de mériter cette confiance et cette obéissance. C'est dans le bon comportement conforme à leur niveau de responsabilité dont dépend la propension des disciples (et citoyens) à obéir à leurs chefs. Les valeurs du *Dieuf Dieul* et du *Niakh diarignou* quant à elles inculquent l'esprit d'entreprise et le culte de l'effort. Ces valeurs sont bien mises en valeur dans la philosophie *Baye Fall* dans laquelle le maître Cheikh Ibra Fall, premier adepte du mouridisme, exhorte à l'abnégation, à la résilience et au service désintéressé à la collectivité. Dans *Un destin pour l'Afrique*, Abdoulaye Wade a démontré que le culte du travail proposé par le mouridisme peut contribuer à la construction économique et sociale du Sénégal. Pour un peuple à plus de 99 % musulman et chrétien, l'appropriation de ces valeurs ne devrait pas poser de problème, car la spiritualité dicte un comportement de bienfaisance sans aspiration à des contreparties ici-bas.

Cependant, certains descendants de ces grands érudits de l'islam ont eu à s'immiscer directement dans la politique. Serigne Abdoul Aziz Sy Al Amiine[10] a beaucoup œuvré dans les rapports entre le politique et le religieux. Il a souvent fait l'exégèse des prises de position politiques historiques dans la famille de Elhadji Malick Sy. La nécessaire implication des religieux dans la politique exprime, selon lui, la bataille à mener pour affirmer les valeurs islamiques dans la République selon un schéma de fidélité vis-à-vis des œuvres du prophète Mouhammad (PSL). Serigne Cheikh Mbacké Gaindé Fatma[11] fut un collaborateur inconditionnel de Serigne Cheikh Ahmad Tidiane Sy Al Maktoum[12] dans leur commun combat pour indiquer une approche exemplaire d'alliance entre la politique et le spirituel. En effet, si l'essence de la politique peut rejoindre la religion dans la quête du salut spirituel, il est fondamental que l'alliance se fasse selon une synchronisation qui suit un rythme similaire. Serigne Cheikh Mbacké avait l'habitude de rappeler que la politique n'a que des avantages mondains et que si sa pratique n'est pas habillée de bonnes intentions traduites en de bons actes, son exercice ne peut être que source de déconvenues dans ce monde et dans l'au-delà. Cela fonde l'avertissement de Serigne Cheikh Al Maktoum concernant la nécessité

---

10 Petit-fils de Seydi Elhadji Malick Sy, Khalife général des tidianes décédé en septembre 2017.

11 Petit-fils de Cheikh Ahmadou Bamba Mbacké, le fondateur du mourisdisme.

12 Petit-fils de Seydi Elhadji Malick Sy, Khalife général des tidianes de 2012 à 2017.

d'habiller la politique de principes : « Une vie sans religion est une vie sans principes et une vie sans principes est un bateau sans gouvernail ».

Les hommes politiques sénégalais ont beaucoup à apprendre de Cheikh Ahmad Tidiane Sy Al Maktoum, qui a été un homme politique doublé d'un guide spirituel hors pair. Après l'indépendance du Sénégal en1960 et devant le statut insignifiant accordé aux religieux et aux intellectuels de langue arabe dans le pays, Serigne Cheikh Tidiane Al Maktoum a concédé le sacrifice d'un combat politique historique, dont la conséquence a été la prison à deux reprises, en 1959 et en 1962. Les témoins de l'histoire connaissent la suite de cet engagement politique concrétisé par la création du Parti de la solidarité sénégalaise (PSS), notamment la victoire confisquée lors des élections de 1959. Toutefois, la précision qu'il donna lors du Maouloud[13] de 2008 est claire : l'objectif n'était pas de gouverner le pays, mais de montrer à la face du monde que les guides spirituels, les religieux et les intellectuels de langue arabe n'étaient pas des moins-que-rien et qu'ils étaient plutôt bien représentatifs dans ce pays où l'héritage colonial avait voulu les minimiser. Actuellement, le peuple sénégalais bénéficie de cet engagement politique historique de Serigne Cheikh Tidiane Al Maktoum : les intellectuels de langue arabe ont été progressivement impliqués dans l'éducation, l'administration et la diplomatie. L'action de Serigne Cheikh Al Maktoum a été très instructive dans le culte du savoir par la pratique et l'action. Il ne s'est jamais lassé d'inviter à « assainir le pays par la légitimité pour éviter que cela ne se fasse par le sang ». Son sens de l'équilibre, de la mesure et du prêche par l'exemplarité l'a amené à abandonner la politique une fois ses objectifs atteints. Cette exemplarité véhicule un paradigme

[13] Célébration de l'anniversaire de la naissance du prophète Mouhammad (PSL).

révolutionnaire d'exercice de la politique et du pouvoir : savoir s'y engager et savoir se retirer au moment opportun. Cette posture devrait servir de leçon à certains vieux politiciens sénégalais qui continuent actuellement de s'agripper au pouvoir que leur offre le Président Macky Sall depuis 2012.

Le Sénégal compte d'autres guides spirituels dont les idéaux s'inscrivent dans la même voie du salut. Khaly Amar Fall, au 17e siècle, est le fondateur de l'une des premières universités africaines dans la zone du Cayor (dans l'actuelle ville de Pire, à 35 km au sud de Thiès), où sont passés plusieurs érudits comme Thierno Souleymane Ball et Cheikhou Oumar Tall. Khaly Amar Fall était ainsi un modèle achevé de courage scientifique et de respect du culte du savoir. Cheikh al Islam, Elhadji Ibrahima Niass fut un conquérant des cœurs ayant administré de vibrantes leçons de leadership spirituel à travers toute l'Afrique. Mame Limamou Laye, le fondateur de la confrérie Layène, a été un chantre invétéré de l'harmonie des peuples et des solidarités islamiques. Cheikh Saad Bouh et Mame Bouh Kounta sont deux dignes héritiers de Cheikh Abdoul Khadre Djeylani, le fondateur de l'aînée de toutes les autres confréries qu'est la Khadriya. Il existe d'autres grands érudits tout aussi méritants comme Mame Khalifa Niass, de Léona Niassène, Serigne Ahmadou Cissé, de Pire, Ahmadou Ndack Seck, de Thiénaba, Elhadji Ahmadou Sakhir Ndiéguène, de Thiès, Thierno Mouhamadou Seydou Ba, de Médina Gounass, ou l'ancien archevêque de Dakar, le cardinal Hyacinthe Thiendoum. La liste n'est pas exhaustive et il faut oser espérer que la réécriture de l'histoire du Sénégal pilotée par le professeur Iba Der Thiam va comporter plus de détails sur ces divers et pittoresques legs spirituels. Ces legs constituent un puzzle dont aucun élément ne doit manquer dans l'élaboration d'une vision pour le Sénégal. Une telle vision doit être pensée au-delà des considérations idéologiques avec, à la clé, la prise en compte ou l'adoption rigoureuse des principes religieux et spirituels propres au Sénégal. Il s'agit, au Sénégal, de dépasser les contingences confrériques afin de converger vers les sources prophétiques qui sont à la base de cette diversité d'interprétations complémentaires des messages religieux. Les confréries sont comme un champ de synergies spirituelles dans lequel les parties non encore atteintes par les uns sont labourées par les autres. Dans cette colonne de vision commune, les vertèbres sont : bien éduquer les Sénégalais, leur organiser une vie décente dans l'entente, la justice, la solidarité, et veiller à léguer aux futures générations un Sénégal prospère et enrichi de toutes ses diversités.

La faisabilité de cette vision arrimée aux legs religieux et spirituels est tributaire de la propension des hommes politiques à s'approprier les quatre postures inaliénables suivantes :

- la dignité, ou *fouleu*, en wolof, pour éviter toute compromission et concession sur les principes ;
- le culte du savoir, ou *kham kham*, en wolof, pour éviter d'être trompé ou manipulé ;
- le courage, ou *diom ak fit*, en wolof, pour éviter d'être intimidé et apeuré dans ses principes ;
- le contentement, ou *doylou*, en wolof, pour éviter d'être corrompu ou vendu.

Socrate avait dit il y a plus de 2000 ans que : « Le secret du bonheur, voyez-vous, n'est pas trouvé dans la recherche du plus, mais en développant la capacité de jouir de moins ». L'état de l'économie mondiale montre qu'Allah (SWT) a parfaitement tenu promesse en permettant à l'humanité plus que sa subsistance. Le Produit mondial brut représente 80 000 milliards de dollars actuellement, dont 24 % d'épargne mondiale, selon les statistiques. Donc il existe près de 20 000 milliards de dollars d'épargne annuelle dans le monde entier. Rien que l'application de 25 ‰ du principe de solidarité islamique de la *Zakat* pourrait générer près de 500 milliards de dollars chaque année, bien au-delà des 30 à 40 milliards de dollars recherchés par la FAO et les autres organisations humanitaires pour éradiquer la faim et la pauvreté dans le monde. Dans chaque pays, la croissance économique est vantée par les gouvernements, sans incidences sur le niveau de pauvreté. C'est donc la nature de l'homme, dans son égoïsme et son indifférence, qui est interpellée, et ce n'est pas le stock de richesses qui compte, mais la propension de chacun à s'armer des valeurs spirituelles et à partager.

# TITRE 2

# TROIS CHAMPS DE RÉFORMES URGENTES

« *Notre pays, qui a réussi sa mue politique en accédant à toutes les libertés publiques et en construisant un État de droit unanimement reconnu est, paradoxalement, victime de notre propension à vouloir vivre de la rente du système démocratique, au détriment de la construction d'une économie performante et durable.* »

Mamadou Diagna Ndiaye, 2014.

Après 58 ans de grande vadrouille programmatique, les leçons à tirer sont plus que limpides. Les écrits et les diverses sorties médiatiques des hommes politiques prouvent à merveille que les maux du Sénégal et de l'Afrique sont bien connus. Les Sénégalais considèrent que le discours n'a d'ailleurs pas changé depuis 1960, mais qu'aucun candidat n'a tenu promesse une fois arrivé au pouvoir. En 2012, Macky Sall a exprimé sa ferme volonté de changer, mais il est coincé dans les pesanteurs des forces impérialistes et l'indispensable partage du gâteau que lui impose sa coalition hétéroclite. Il a le maigre mérite d'avoir tenté initialement de baisser le train de vie de l'État, d'avoir voulu supprimer les dépenses et structures administratives inutiles et d'avoir tenté de mettre la patrie avant le parti dans ses choix initiaux de ministres. Les dures réalités du pouvoir et le désir de se frayer un chemin vers un second mandat en 2019 sont venus écrabouiller sa fragile volonté de changement. La casse est actuellement à un niveau jamais atteint. L'économie sénégalaise est plus que jamais envahie par des lobbies étrangers et caractérisée par un cosmétique social qui n'a d'œil que pour les souteneurs potentiels du régime. Cela révèle l'autre facette du PSE, qui apparaît en réalité comme une compilation de projets destinés à entretenir ce dessein négatif pour le pays. Les leaders politiques sont déjà dans le terrain des propositions sur le plan économique. Ils ont par là le mérite de vouloir amener le peuple sénégalais sur ce terrain pauvrement animé des débats d'idées. Mais le débat lancé par Idrissa Seck sur le changement d'hymne national n'est pas utile. Cet hymne colle toujours avec la stagnation économique lancinante depuis qu'il a été conçu par Senghor au lendemain de l'indépendance. Le lion rugit et obtient ce qu'il veut, ce qui n'est pas encore le cas au Sénégal, où les ténèbres n'ont pas encore été dissipées dans une Afrique rassemblée. Cette section est focalisée sur les trois réformes jugées plus urgentes que sont la rationalisation de l'administration et des institutions, un meilleur système de régulation économique et sociale et le renforcement du contenu local de l'économie sénégalaise.

## 1. La rationalisation de l'administration publique et des institutions

Il faut rendre un vibrant hommage à l'administration sénégalaise aussi bien civile que militaire et paramilitaire. Le mérite de Senghor, perpétué par Diouf, a été un tant soit peu de ne pas badiner avec le professionnalisme et les compétences administratives. Le Sénégal dispose de l'une des meilleures écoles d'administration et de magistrature en

Afrique, où ont été formés plusieurs cadres de l'Afrique francophone. De même que les écoles et centres de formation militaire et policière ont formé plusieurs gradés des armées d'Afrique francophone. L'armée sénégalaise mérite des hommages constants pour ses brillantes et permanentes partitions dans plusieurs foyers de tension à travers le monde. Le sens du devoir et de la responsabilité des forces de défense, de sécurité et de l'ordre a sauvé le Sénégal de bien des perturbations sociopolitiques connues ailleurs en Afrique. Le 23 juin 2011, ce sont les forces de l'ordre qui ont encadré de manière professionnelle la manifestation historique souvent évoquée, sous les récriminations et autres attaques verbales des masses populaires. Le même scénario s'est reproduit le 19 avril 2018 lors du vote du projet de loi sur le parrainage qui, on peut en être sûr, n'enchante pas une bonne partie de ces hommes de tenue obligés de répondre à l'appel du devoir. Bref, l'administration civile aussi bien que celles militaire et paramilitaire sont victimes d'un cycle politico-politicien qui les expose perpétuellement aux situations les plus inconfortables. Le Sénégal a plus que jamais besoin d'ordre et de sécurité, surtout dans ce contexte actuel où l'anxiété sécuritaire est ressentie par tous, relativement à la grandissante menace terroriste et à la recrudescence de la violence avec les multiples meurtres et rapts d'enfants de ces dernières années.

Les Sénégalais ne doivent pas se tromper d'ennemis. Ils doivent se poser la question de connaître les vrais coupables entre un pouvoir qui désobéit de manière si récurrente à la volonté de son peuple de ne plus jamais assister à des manipulations de la Constitution, et des forces de l'ordre qui obéissent aux ordres de leurs chefs en répondant, souvent malgré elles, à l'appel de leur devoir républicain. La violence est condamnable quelle que soit sa forme, ce qui impose quand même aux forces de l'ordre sénégalaises beaucoup de retenue dans les opérations de gestion des tensions. Les administrations des forces d'ordre et de défense doivent davantage être renforcées matériellement et financièrement, non seulement pour la revalorisation de leur rémunération, mais aussi pour leur permettre de faire le maximum d'apprentissage sur les meilleures pratiques en la matière à travers le monde. Les expériences glanées à travers les multiples participations du Sénégal à des opérations de maintien de la paix dans le monde constituent un capital qui ne doit pas conduire l'État à s'endormir sur ses lauriers. Il faut qu'il y ait un impact perceptible sur les administrations concernées. Une bonne gestion des contreparties financières obtenues de la participation aux opérations de l'Organisation des Nations Unies (ONU) doit permettre d'avoir des externalités positives à chaque niveau. Or, les troupes déjà mobilisées murmurent être victimes d'un traitement en deçà de ce que les fonds perçus auraient dû permettre de faire en leur faveur[14]. Hélas, les actes de mal-gouvernance financière touchent de manière infectieuse les administrations d'ordre, de défense et de sécurité, comme en attestent les publications du colonel Abdoul Aziz Ndaw en 2014. Leur ferme résolution est l'une des réformes les plus urgentes selon la prise en compte des ajustements administratifs à appliquer pour non seulement corriger les déséquilibres, mais aussi intégrer les nécessités administratives de la menace terroriste.

Les cadres de l'administration civile, quant à eux, ont souvent affaire à des politiciens incultes et incompétents, nommés à de hautes responsabilités et qui gênent leur

[14] Rebondissement en juin 2018 sur l'affaire du contingent ayant participé à la guerre du Golfe en 1990, où le Sénégal avait perdu 93 militaires. L'ex-Président Abdou Diouf est interpellé, puisqu'à leur retour, ces militaires ont perçu chacun moins de 1,5 million de FCFA. Ils n'ont jamais cessé depuis plus de 28 ans de réclamer le paiement intégral de leur dû.

efficacité tout en les exposant aux critiques généralisées des populations. L'amateurisme dans l'administration sénégalaise vient effectivement d'une certaine emprise politicienne qui lui est exogène. La pléthore de ministères, l'agenciarisation et le découpage excessif des structures administratives, à la tête desquelles sont promus des politiciens professionnels généralement incompétents, donnent des coups de fouet fatals explicatifs de toutes les inepties gouvernementales qui gangrènent l'action économique de l'État. Cette cacophonie administrative a des conséquences néfastes sur l'efficacité et la célérité de l'action publique. Le subterfuge consistant à confier le Programme d'Urgence de Développement Communautaire (PUDC) au Programme des Nations Unies pour le Développement (PNUD) n'y fera rien ; il faut avoir le courage de mener les réformes. Les télescopages et les chevauchements de compétences sont monnaie courante dans l'administration sénégalaise. L'on se rappelle encore la querelle de compétence qui a opposé en 2015 le maire de Dakar et le ministre du Renouveau urbain sur des opérations d'embellissement de la place de l'Indépendance. Le découpage ministériel est profondément dévoyé par l'objectif de partage du gâteau avec plusieurs redondances, répétitions et autres pléonasmes terminologiques. Certaines dénominations de ministères donnent vraiment à rire et d'autres structures sont créées avec des dénominations creuses et saugrenues. Par exemple, le concept d'entrepreneuriat rapide n'augure qu'un risque de précipitation pour les questions aussi sérieuses et sensibles que sont l'investissement et l'auto-emploi. Ces dynamiques de précipitation ne sont pas nouvelles, elles ont été exacerbées en 2000 par Abdoulaye Wade avec le Fonds National de Promotion de la Jeunesse (FNPJ), dont l'aggravation des impayés a mené, à partir de 2008, à une collaboration avec la Banque Régionale de Solidarité (BRS) qui a fait faillite par la suite. Le FNPJ n'a donc pas tenu, il a été tout bonnement supprimé en 2014 avec l'option de l'État de le fusionner avec l'Agence Nationale pour l'Emploi des Jeunes (ANEJ) et l'Agence Nationale d'Appui aux Marchands Ambulants (ANAMA), en faveur de la création de l'ANPEJ (Agence Nationale pour la Promotion de l'Emploi des Jeunes). La Banque Nationale pour le Développement du Sénégal (BNDS), créée en 2013 en même temps que le Fonds souverain d'investissement stratégique (FONSIS) et le Fonds de garantie des investissements prioritaires (FONGIP) en était à plus de 30 milliards de FCFA de prêts accordés en 2016 selon les chiffres de la Direction générale. Ces mécanismes précipités d'octroi de fonds à de la clientèle politique, à des jeunes et à des femmes mal préparés, sont largement contributeurs aux 562 milliards de FCFA de créances en souffrance au Sénégal (chiffres de 2017).

Sur l'éducation nationale, il est incompréhensible que plus de 25 % du budget de l'État soit déclaré investi dans ce secteur sans une résolution définitive des crispations d'ordre financier. Les problèmes d'effectifs n'ont toujours pas été dépassés, notamment avec les carences infrastructurelles multiples notées sur toute l'étendue du territoire national. Les enseignants réclament le passage de l'indemnité de logement de 60 000 FCFA à 100 000 FCFA, ce qui est plus que normal si l'on sait qu'à Dakar et dans d'autres localités du pays, il est impossible de trouver un logement décent à moins de 100 000 FCFA mensuels. Ils réclament également près de 100 milliards de FCFA d'arriérés que le gouvernement leur doit sur plusieurs années. Mais où sont passés les 2 610 milliards de FCFA injectés dans le secteur depuis 2012 ? La mal-gouvernance est certainement passée par là avec les nébuleuses financières et le clientélisme à outrance pratiqué dans ce secteur où le train de vie de l'élite est insoutenable. Il existe de sporadiques et redondants démembrements dans l'administration de l'éducation et dans les lycées, écoles et autres structures connexes. Et la plupart des séminaires traitent de questions déjà réglées ailleurs, sans coordination avec la mobilisation de moyens importants en termes de frais hôteliers, de carburant, de déplacements et de rémunération. Il n'est pas question d'une remise en cause totale, mais plutôt d'un appel à un diagnostic et à un audit spécifiques et approfondis des dépenses courantes et d'investissement de ce secteur pour localiser les anomalies afin de faire des économies budgétaires redéployables vers la résolution définitive des problèmes infrastructurels et financiers.

Ce diagnostic est unanimement partagé et la grogne vient souvent de l'intérieur de l'administration publique. La mainmise politicienne de l'État sur les administrations publiques n'a même pas épargné la justice, censée être l'un des trois pouvoirs indépendants de la République, a fortiori dans les autres administrations subalternes. En atteste la double démission du juge Ibrahima Hamidou Dème du Conseil supérieur de la magistrature en février 2017, puis de la Magistrature en mars 2018. Ce sombre tableau rend impérative l'adoption d'un nouveau paradigme de management des administrations centrales, de l'architecture ministérielle aux plus petites structures de l'État, en passant par les institutions parlementaires et les administrations des collectivités locales (ou territoriales). Le Haut conseil des Collectivités territoriales (HCCT) est un baroquisme ayant consterné le peuple sénégalais, qui n'en a pas encore fini avec l'Acte III de la décentralisation, amorcé en 2014, et ayant péché au niveau des finances locales où il était le plus attendu. Le HCCT remplace le Sénat avec le dessein ostentatoire de trouver des strapontins à des transhumants risquant de faire encore défection à l'orée de la prochaine présidentielle. Le HCCT, de même que le Haut conseil de la Fonction publique, sont donc des farces, des institutions subordonnées à l'exécutif mobilisant des ressources qui auraient pu aider à aller plus loin dans l'Acte III de la décentralisation. La décentralisation n'est plus une question juridique, mais une question économique depuis la phase II de réforme amorcée en 1996.

L'audit de fonction publique et la rationalisation des effectifs des administrations publiques initiées en 2013 ont permis de détecter de grandes tricheries sur les rémunérations et de mettre la main sur plusieurs dizaines de milliards de francs CFA de dépenses fictives. Le problème est que cette volonté initiale de rationalisation s'est écrasée sur la dure logique de la recherche d'un second mandat. Le clientélisme, le favoritisme et le népotisme ont repris de plus belle sur les programmes de recrutements, ce qui permet d'être sûr que toutes les économies budgétaires issues de ces efforts de rationalisation vont être littéralement phagocytées par de nouveaux engagements et par des choix électoralistes encore plus virulents. L'avantage majeur de cette campagne de rationalisation entamée en 2013, puis abandonnée, est d'avoir montré sa faisabilité. Sa reprise avec plus de vigueur offre une perspective de réformes prometteuses. Elle doit être, autant que possible, courageusement élargie aux problèmes sensibles des impôts, du cadastre et du domaine, où des actions de dilapidations financières et d'accaparements fonciers anormaux ont été régulièrement commises depuis 1960. Ces débats doivent être au centre des propositions des candidats lors de la prochaine élection présidentielle de 2019. Déjà en mars 2018, Idrissa Seck a émis l'idée d'un Conseil supérieur concernant l'éducation. Et lors d'une de ses mémorables communications en 1998, Serigne Moustapha Sy avait évoqué l'idée d'une configuration ministérielle sous forme d'observatoires nationaux de gouvernance (ONG). Ces idées pertinentes doivent être étudiées en profondeur pour l'invention d'une formule organisationnelle qui s'en rapproche philosophiquement à défaut de pouvoir textuellement les mettre en œuvre.

Le désordre politico-institutionnel explique l'essentiel des remous qui caractérisent le fonctionnement des administrations et des institutions sénégalaises. Après les acquis sur leurs rémunérations, obtenus par les magistrats sous l'ère Abdoulaye Wade, ce fut le tour des enseignants du Supérieur de réclamer un traitement adapté à leur rang. Depuis lors, diverses batailles ont été menées avec succès par le Syndicat autonome des enseignants du Supérieur (SAES) pour la hausse des salaires, mais le gouvernement a traîné les pieds sur les grandes questions de la retraite et de l'amélioration du taux d'encadrement dans les universités. Ces acquis obtenus par certains corps ont soulevé d'autres fronts de revendications dans les autres corps de la fonction publique, notamment celui déjà évoqué des enseignants de l'éducation de base. Mais l'État sénégalais est resté coincé dans le risque financier des effets d'effectifs. Il a été en effet facile, d'un coup, de supporter une augmentation de 300 000 FCFA de prime académique sur le salaire de 1 500 enseignants du Supérieur et d'une hausse de près de 600 000 FCFA sur le traitement d'un nombre plus limité de magistrats. Mais que faut-il faire s'il s'agit de 80 000 enseignants de la base, tout aussi méritants, pour lesquels l'augmentation de 40 000 FCFA mensuels sur l'indemnité de logement représente une faramineuse bagatelle pouvant créer des tensions budgétaires ? Cela explique le bras de fer entre l'État et ces enseignants, ainsi que la maigreur des rémunérations et des avantages dans tous les corps de l'État, où les effectifs sont faramineux.

Une autre question est souvent posée : comment justifier que des politiciens sans expérience puissent accéder à des hautes sphères de décision avec des rémunérations et des avantages exorbitants alors que des fonctionnaires ayant consacré toute leur vie à la collectivité tirent le diable par la queue ? Cette situation déplorable a été accentuée par la multiplication des agences et autres démembrements administratifs disposant de régimes spécifiques de rémunération et d'indemnités. Certains directeurs d'agence ou de société nationale avaient des traitements qui culminaient jusqu'à 11 millions de FCFA mensuels au Port autonome de Dakar, plus de 8 millions de FCFA mensuels au niveau de l'Autorité de régulation des Postes et des télécommunications (ARTP) et 7 millions de FCFA mensuels à l'Agence de promotion des investissements et des grands travaux (APIX)[15]. Ils ont aussi droit à des dizaines de millions de francs CFA de primes annuelles. Et, bénéficiant d'un régime de rémunération spécifique, ces directeurs ont la latitude de recruter qui ils veulent, en contrat à durée indéterminée, avec l'application de barèmes qui peut leur conférer un niveau de salaire exorbitant. À l'ARTP, le Secrétaire général percevait un salaire mensuel de 6 millions de FCFA et les 10 directeurs internes percevaient chacun un salaire de 3 200 000 FCFA par mois. Des chefs de service aux chauffeurs, en passant par les autres cadres, les salaires variaient entre 400 000 et 2 millions de FCFA. Les changements intempestifs de directeurs ont promu des effectifs pléthoriques dans ces structures, où les charges salariales atteignent un niveau qui obvie à leurs autres préoccupations stratégiques.

Le ministre de l'Économie et des Finances s'offusque justement du niveau atteint par la masse salariale de l'État : 770 milliards de FCFA en 2014, soit 50 % des recettes fiscales pour des fonctionnaires qui ne font que 1 % de la population. Mais cette masse salariale ne représente qu'un

[15] Certains chiffres attribuent au directeur de l'ARTP un salaire de 14 millions de FCFA mensuels sous Abdoulaye Wade. Les autres chiffres sur les salaires concernant l'ARTP, le Port et l'APIX sont ceux révélés par la presse.

peu plus de 9 % du PIB, ce qui peut être acceptable pour un pays ayant maintenu une certaine tradition providentialiste avec une taille assez conséquente de la sphère publique. Mais c'est vrai que ce niveau de la masse salariale n'est pas normal et le ministre de l'Économie et des Finances a bien raison d'indexer le régime indemnitaire. Le gouvernement a engagé la réforme de ce régime indemnitaire en 2015, mais il a dû certainement buter sur les objectifs de réélection du Président Macky Sall dès l'instant où les promus aux postes à responsabilités ont été sommés de gagner les élections dans leurs localités et ont besoin de moyens. En 2012, le Président Macky Sall avait plafonné la rémunération des directeurs nationaux à 5 millions de FCFA mensuels. En dehors des indemnités qui ne vont finalement pas baisser significativement, le gouvernement rechigne à sortir des décrets d'application des autres mesures prévues pour rationaliser les barèmes de rémunération concernant les autres salariés et cadres d'agence. Un premier geste pour tirer l'administration de ces inégalités est le retour au respect strict des avantages liés aux grades et aux échelons. Un second geste inéluctable est d'arrêter les avantages exorbitants d'octroi de véhicules et de carburant aux dirigeants et élus. Un traitement mensuel de 1,4 million de FCFA doit suffire pour qu'un député en sacrifie une partie pour l'obtention d'un véhicule, tout en supportant une partie du carburant. Un salaire variant entre 2 et 5 millions de FCFA est suffisant pour qu'un directeur (ou un promu) puisse acquérir un véhicule personnel et payer son carburant. Le parc automobile de l'État et le carburant qu'il fournit peuvent être drastiquement revus à la baisse. L'idéal aurait également été de continuer la logique de suppression des agences et autres structures administratives inutiles, de réhabiliter le format des Directions nationales, qui sont devenues des doublons, et de ne maintenir que les structures de régulation sous forme d'agences.

Il importe, par ailleurs, de signaler que la charte de gouvernance démocratique issue des assises nationales de 2007-2008 s'avère, pour le moment, être un grand gâchis eu égard à toute l'énergie qui a été dépensée pour son élaboration. Les forces vives mobilisées et le maître d'œuvre désintéressé qu'est Amadou Makhtar Mbow attestent de la qualité et de la pertinence des recommandations que contient cette charte. Le Président Macky Sall n'a pas seulement trahi son engagement de tenir compte rigoureusement de cette charte de gouvernance démocratique, il a également fait fi de l'excellent rapport de la Commission de réformes des institutions amorcée en 2013 et disponible en 2016, sous la direction du même Amadou Makhtar Mbow, et malgré tous les moyens humains et matériels mobilisés. Il ne faut pas se lasser de le répéter : rien que la prise en compte du contenu de ces deux documents suffit comme programme de réformes et aurait permis d'éviter le creusement actuel de la mal-gouvernance et la énième retouche constitutionnelle effectuée le 19 avril 2018. Il faut juste rappeler que l'une des actions les plus urgentes est d'améliorer la séparation des pouvoirs. Le président de la République est également libre de faire ce qu'il veut des rapports des organes de contrôle des finances publiques comme la Cour des comptes, alors que l'Inspection générale d'État est sous sa coupole. Plusieurs rapports de la Cour des comptes et de l'Inspection générale d'État, épinglant certains de ses alliés politiques, sont rangés dans les tiroirs du Palais. Certains observateurs proposent la suppression du ministère de la Justice, mais l'éviction du président de la République de la présidence du Conseil supérieur de la Magistrature sera une action salutaire à court terme.

## 2. LA RÉGULATION ÉCONOMIQUE ET SOCIALE

Changements de mentalités : voilà un refrain que les Sénégalais entonnent constamment en vain, en réaction aux multiples plans et programmes inféconds connus jusqu'ici. Il est dommage que le PSE n'ait pas statué de manière hardie sur cette question des changements mentaux, qui ne peut être traitée sans mobilisation de fonds. Il s'agit d'une préoccupation inaliénable dont il faut tenir compte d'abord dans les mécanismes de *partage du risque* que se doit toute nation. Certains Sénégalais n'hésitent pas à se demander où passent leurs cotisations dans les rares mutuelles de santé, dans l'assurance automobile ou dans tout autre type d'assurance, parce qu'ils se disent par exemple qu'ils ne sont pas tombés malades ou que leurs véhicules n'ont pas subi d'accident. Il faut donc les conscientiser d'abord sur ce que signifie « partage du risque ». Le fait que dix personnes cotisent par exemple 10 000 FCFA pour leur santé, soit 100 000 FCFA au total, ne signifie pas que l'objectif est de pouvoir soigner tout le monde en même temps. La viabilité du mécanisme requiert que tout le monde cotise et ne tombe pas malade en même temps, et que les 100 000 FCFA puissent servir à financer le mécanisme et à soigner uniquement une minorité de gens tombés malades. Dans ce cas, il faut comprendre que chacun aurait pu tomber malade et que l'argent de chacun a permis de soigner les personnes malades. Il en est de même des cotisations pour le chômage, destinées à assurer un minimum de revenus aux travailleurs qualifiés qui ont la malchance d'avoir perdu momentanément leur travail. Tout le monde est exposé à ces divers risques sociaux justifiant la cotisation. Telle est la logique du *partage du risque* dont la mise en œuvre fonctionne à merveille dans les pays où les populations en ont compris le sacrifice. Il est alors temps d'agir résolument contre l'individualisme des Sénégalais en leur imposant des régimes généraux et obligatoires de partage de tous les risques sociaux.

Il est indispensable d'inventer de nouveaux barèmes de cotisations revalorisées. Les rares 450 000 salariés sénégalais doivent être positionnés en contributeurs de base. Par exemple, une cotisation mensuelle dégressive de 30 000 FCFA pour les plus grands salaires, 20 000 FCFA pour les salaires moyens, 10 000 FCFA pour les faibles salaires et 5 000 FCFA pour les très faibles salaires, pourrait générer en moyenne 88 milliards de FCFA annuels. Pour le secteur informel, on peut cibler initialement 600 000 contributeurs à 3 000 FCFA par mois, soit 21 milliards de FCFA annuels. En plus, la plupart des étrangers œuvrant sur le sol sénégalais sont souvent des commerçants informels qui échappent largement à la fiscalité et à qui peuvent être imposés entre 30 000 FCFA et 50 000 FCFA de frais de séjour annuels suivant leur niveau d'activité. En ciblant au départ 100 000 immigrés, le gouvernement peut mettre la main sur plus de 4 milliards de FCFA annuels. L'État doit alors prendre ses responsabilités pour les salaires et les personnes non susceptibles de supporter ces charges parafiscales. Mais l'ensemble de ces actions de mise à contribution des populations peut permettre de mobiliser plus de 110 milliards de FCFA annuels dès la première année de mise en œuvre. En dehors des milliers d'emplois que l'implantation du mécanisme à l'échelle nationale va générer, ces fonds pourraient aider la collectivité à mieux affronter le risque sanitaire, par un appui substantiel aux hôpitaux publics et le paiement de plus de 70 % des frais sanitaires. La maîtrise du risque sanitaire passe aussi par la salubrité publique et l'accès universel à l'eau potable et à une nourriture saine et équilibrée. Dans un pays où une pomme coûte 250 FCFA, les raisins 4 000 FCFA le kilo et les bananes 800 FCFA le kilo, les populations vont évidemment éprouver des difficultés à avoir une alimentation saine et équilibrée. Avec l'appui de l'État, ces fonds pourront largement contribuer à subventionner et aider à promouvoir l'agriculture biologique, à accompagner les acteurs sociaux travaillant dans le consommer local, à appuyer la culture des fruits et légumes en abondance pour baisser leurs tarifs et à participer au budget du programme Promovilles[16] sur les aspects de salubrité publique.

Sur le front social, le Grand Parti, dirigé par Malick Gackou, a ficelé un programme intitulé le Plan Alternatif Suxali Sénégal (PASS), dans lequel il propose d'instruire un revenu minimum de 120 000 FCFA mensuels aux jeunes et une prime à la naissance de 25 000 FCFA. Ces propositions renvoient à la même problématique de l'évaluation et des études de faisabilité qui font défaut aux hommes politiques et qui les privent de toute capacité à tenir promesse une fois confrontés aux réalités du pouvoir. Cette même évaluation a fait défaut au PSE à l'issue du Plan d'actions prioritaires 2014-2018, alors qu'elle aurait permis de saisir les problèmes de capacité financière qui ont actuellement mis le Sénégal dans un nouveau cycle infernal d'endettement public (stock de plus de 6 400 milliards de FCFA en 2018). L'assistanat a montré ses limites et la littérature économique est assez fournie à ce sujet, notamment sur les échecs constatés au niveau des pays de tradition socialiste et planificatrice. Les bourses de sécurité familiale règlent certes des problèmes pour les bénéficiaires, mais leur application devait être précédée d'un calcul économique et d'un arbitrage par rapport aux utilisations alternatives des fonds injectés. Elles ont mobilisé 100 milliards de FCFA depuis 2012. Pour quel résultat ? Rien d'autre qu'un besoin d'en avoir de plus en plus recours

[16] Le programme Promovilles constitue l'un des projets prioritaires, comme nous allons l'exposer dans le dernier titre.

pour juguler les effets de la croissance économique non inclusive et appauvrissante constatée ces dernières années. Le passage de 200 000 familles ciblées en 2012 à 400 000 familles ciblées en 2018 en témoigne. L'argument du gouvernement consistant à dire que ces bourses de sécurité familiale permettent de supporter les frais de scolarisation des enfants dans les familles bénéficiaires est sans fondement. L'État est responsable de la mise en vigueur rigoureuse sans discrimination des mesures nécessaires pour la scolarisation universelle. Quant aux 29 milliards de FCFA de baisse de fiscalité sur les salaires (amorcée en 2013), ils sont encore sans effets visibles. Le gouvernement devrait plutôt consacrer ses efforts dans la revalorisation universelle du salaire minimum et des pensions retraite à travers une bonne mise en vigueur du système de répartition. En début mai 2017, l'État a conclu un accord avec les syndicats et le patronat pour hausser le salaire minimum de 44,8 % à compter du 1er juin 2018. Ce salaire minimum va donc passer de 36 243 FCFA à 52 500 FCFA. Ce salaire minimum reste très faible, relativement aux 2 600 dollars de PIB par Sénégalais, déterminé en parité des pouvoirs d'achat. Il constitue une base qui donne droit aux multinationales d'appliquer des niveaux de rémunération très faibles et iniques pour la main-d'œuvre sous-qualifiée. Il s'agit toutefois d'un effort important, mais insuffisant, à répéter tous les 3 à 5 ans et qui est plus perceptible que les bourses de sécurité familiale.

Toutefois, avec une productivité du capital inférieur à 20 %, le fil conducteur de tous les programmes doit être d'améliorer cette molle dynamique de création de richesses en tant que préalable à toute redistribution. Et tout projet public doit être accompagné d'indications claires sur les voies de son financement sans anicroche. Aussi, le paiement de ses arriérés par l'État génère-t-il d'importantes externalités positives sur les autres secteurs, au-delà des problèmes réglés. Une bonne vision du circuit de l'argent, accompagnée d'une petite dose de spiritualité, permet de comprendre que l'État gagne davantage, suivant le cercle vertueux d'utilisation de l'argent, à chaque fois qu'il paie ses dettes internes. Pour les PME/PMI, il s'agit de leur permettre de payer leurs salaires et leurs impôts à temps à la grande faveur du budget public, qui va en plus encaisser davantage de TVA sur la consommation des salaires. Pour les 100 milliards de FCFA environ dus aux enseignants, l'État encaisse mécaniquement 18 % de TVA, soit 18 milliards de FCFA, les enseignants étant quasi totalement des consommateurs incompressibles dès lors que leurs marges d'épargne sont limitées par la maigreur de leurs revenus. Par ricochet, ces 100 milliards de FCFA génèrent également une production à la marge qui va générer plus d'une dizaine de milliards de francs CFA de taxes supplémentaires. Tel est le cercle vertueux des finances publiques dont l'État sénégalais doit tenir compte dans sa conception des dépenses publiques.

Sur l'emploi, il est d'une nécessité vitale d'intégrer une dimension réglementaire dans le fonctionnement de l'ANPEJ, à défaut de pouvoir créer un Observatoire national de l'emploi (ONES). Le Code du travail interdit plus de deux renouvellements des contrats à durée déterminée (CDD) sans recrutement, alors même que des institutions publiques, notamment les universités, ont souvent pratiqué plus de cinq CDD dans leur personnel administratif, technique et de service (PATS). Dans d'autres secteurs comme les télécommunications, les jeunes diplômés sénégalais se plaignent souvent d'être exploités en tant que stagiaires pendant de longues durées. C'est la même grogne au niveau de l'autoroute à péage Dakar/AIBD, où les facilitateurs de trafic se disent exploités par les sociétés d'intérim alors qu'au départ, ils travaillaient directement avec SENAC SA, qui les payait avec de meilleurs salaires. Ce même système d'usage des sociétés d'intérim est adopté par le distributeur Auchan, dont la présence est de plus en plus décriée par les associations d'industriels et de commerçants. La multiplicité des stages et la prospérité des agences d'intérim prouvent que les potentiels d'emplois sont importants, mais l'État doit davantage discipliner et responsabiliser les entreprises sur l'emploi. En outre, il a été annoncé en 2018 près de 300 000 emplois créés sur les 500 000 prévus en 2012. Le seul nombre d'emplois n'est pas informatif, puisqu'il intègre plusieurs emplois temporaires et précaires. Il y a également une majorité d'employés dont les niveaux de salaire sont en deçà du seuil de pauvreté. Dès lors, une collaboration entre l'Agence Nationale de la Statistique et de la Démographie (ANSD), de l'Inspection du travail et de l'ANPEJ dans sa compétence réglementaire, pourra permettre d'aller plus loin dans la typologie, le degré de précarité et les niveaux de rémunération des emplois créés. L'approche réglementaire doit alors avoir une double vocation :

- de raffinage des statistiques sur l'emploi et de mise à disposition d'un système public qui donne les opportunités en temps réel et qui encadre un accès égalitaire à ces emplois :

- de contrôle, pour veiller au respect de l'égalité des chances et du mérite. Il faut aussi veiller, a posteriori, à la mise en vigueur correcte du Code du travail et au contrôle strict du respect des critères de contenu local en termes de main-d'œuvre dans les activités des multinationales.

Un dernier enjeu sur ces aspects de régulation sociale concerne la diplomatie économique. À part le respect des critères de compétences dans le choix des ambassadeurs et des autres représentants diplomatiques, l'État du Sénégal doit redoubler d'efforts pour une meilleure perception des indemnités de retraites des émigrés ayant choisi de rentrer chez eux après leur activité à l'étranger. Il est désormais à la portée des diplomates sénégalais en France de mieux faciliter l'obtention du visa, du titre de séjour et du permis de travail pour les étudiants sénégalais en France et de renégocier en vue de leur assurer l'accès à la perception des indemnités de chômage en cas de perte de travail, que les législations actuelles du travail en France leur refusent. C'est en effet un secret de polichinelle que les ressortissants des pays ayant conclu avec la France des accords pétroliers, tels que le Gabon ou l'Algérie, bénéficient d'un traitement privilégié durant leur séjour en France. L'État du Sénégal ne devrait surtout pas rater cette occasion de mieux servir ses expatriés en France, en Grande-Bretagne et aux États-Unis dans le cadre des contrats pétroliers et gaziers qu'il est en train de ficeler avec leurs multinationales. Il s'agit là d'un pan important de la diplomatie économique auquel donner la priorité dorénavant.

La régulation économique sert aussi les objectifs de régulation sociale. Elle concerne, d'une part, la bonne tenue concurrentielle et qualitative des secteurs sous l'angle de la satisfaction des consommateurs ; d'autre part, la régulation économique doit être opérée dans tous les secteurs où les collectivités publiques signent des contrats avec des opérateurs privés. L'enjeu fondamental est la correspondance entre les vrais coûts de production et les niveaux de tarifs et de qualité des services. En appoint aux incitations à la maîtrise des coûts, le régulateur doit jouer à limiter l'asymétrie de l'information sur ces coûts afin d'éviter que les opérateurs trichent sur leurs charges pour fixer un niveau de tarif exagéré. Il faut donc une institution spécialisée (ou régulateur indépendant), dotée des moyens et des prérogatives nécessaires, qui se charge de dérouler ce programme stratégique de régulation. Ce régulateur doit être responsabilisé dans les évaluations préalables nécessaires en amont de la conclusion des contrats de partenariat public/privé (PPP). Les multiples crispations sur les PPP connues depuis les années 1990, telles que la résiliation – en 2000 – du contrat sur l'électricité conclu en 1998 avec Elyo/Hydro Québec pour 25 ans, ou le litige sur la licence de Tigo attribuée en 1999, tiennent sur des carences de régulation *ex ante* et *ex post*. Et à part la promotion de l'emploi (ANPEJ) et des investissements (APIX), l'idéal est de ne maintenir la formule des agences que dans la régulation.

L'Autorité de régulation des télécommunications et des postes (ARTP) s'active tant bien que mal dans l'encadrement du secteur des télécommunications. Sa création en 2001 après les réformes du secteur, amorcées en 1996, explique pour une large part les erreurs commises dans la privatisation de Sonatel en 1997 et le bradage de la licence de Tigo à 50 millions de FCFA, en 1999. L'ARTP souffre tout de même de problèmes d'indépendance et de crédibilité à cause de ses partis pris perpétuels vis-à-vis de l'autorité publique, comme ce fut le cas dans le litige qui est survenu dans le secteur en 2010 concernant la surtaxe sur les appels entrants. L'ARTP est ainsi logée à la présidence de la République, ce qui peut l'instiguer dans la sauvegarde d'intérêts nébuleux et crypto-politiciens. Elle n'est pas non plus dans une bonne logique de sauvegarde des intérêts collectifs. En atteste l'issue de la reprise des négociations en 2012 pour décrisper le litige qui existait depuis 2001 sur la licence de Tigo. Après avoir constaté que cette licence avait été bradée à 50 millions de FCFA en 1999 à Sentel GSM (devenue Tigo en 2006), l'État du Sénégal réclamait 100 milliards de FCFA en 2000 pour la conservation de la licence. Mais au terme des négociations entamées par le nouveau régime en 2012, Tigo n'a finalement déboursé que 53 milliards de FCFA en obtenant la prolongation de sa licence jusqu'en 2028 avec la 3G. Chez le groupe Sonatel, les importantes externalités de réseaux élargies aux services financiers du mobile banking génèrent un chiffre d'affaires de plus en plus élevé (près de 1 000 milliards de FCFA en 2017, soit près de 10 % du PIB). L'État sénégalais aurait pu négocier plus que les 100 milliards de FCFA encaissés pour prolonger la licence de l'opérateur (62 milliards de FCFA) et exploiter la 4G (32 milliards de FCFA). En gros, les profits des opérateurs du secteur sont encore exorbitants, ce qui signifie que leur contribution au budget de l'État peut être revalorisée et que des baisses conséquentes de tarifs sont encore possibles sur tous les services de communication, notamment l'accès à Internet.

Le secteur de l'électricité est sous la supervision de la Commission de régulation du secteur de l'électricité (CRSE), qui devrait pouvoir être fusionnée avec le Conseil national pour les hydrocarbures (CNH). Il est aussi envisageable que l'État du Sénégal retourne à la configuration d'un grand ministère des Énergies et des Mines, le volet Énergies intégrant les préoccupations environnementales et les énergies renouvelables. L'idéal est ainsi de mettre sur pied une autorité de régulation qui se charge de la sphère globale de l'énergie (électricité et hydrocarbures), des mines, et qui intègre toutes les préoccupations d'ajustement réglementaire concernant l'eau et son utilisation, dont l'important volet de l'assainissement [17]. Les récurrentes pénuries d'eau constatées à Dakar depuis 2013 suffisent pour comprendre la profondeur des problèmes d'accès à l'eau potable dans le pays. Le régulateur aura vocation à surveiller les formules de tarification et les exigences de qualité, tout en veillant au respect strict des principes de garantie d'accès, de continuité et d'universalité qui doivent régir les services publics de l'eau. Dans ce secteur de la distribution d'eau, le

[17] Il s'agit d'une proposition symbolique qui laisse des marges de dissociation sectorielle des organes régulateurs.

Sénégal est déjà dans une formule d'affermage avec la société publique de patrimoine qu'est la Société nationale des eaux du Sénégal (Sones) et la société privée d'exploitation qu'est la Sénégalaise des eaux (SDE). La concession qui concerne l'hydraulique urbaine et périurbaine va prendre fin le 31 décembre 2018 et une nouvelle enchère d'attribution de la concession a été enclenchée au milieu de l'année 2018 avec, en plus de la SDE, deux autres compagnies françaises – Veolia et Suez –, qui sont venues concourir pour le marché. Dans l'affermage en cours, à part les défaillances infrastructurelles notées de la part de l'État détenteur d'une société de patrimoine, il subsiste un réel problème de régulation vis-à-vis de la société d'exploitation, notamment en lui délimitant des responsabilités précises qu'il faut engager en cas de problèmes. Concomitamment à la phase 2 prévue de l'acte III de la décentralisation, le Sénégal doit s'engager dans des mises en concessions privées locales pour la distribution d'eau. Il est possible d'avoir une concession privée à Dakar et un nombre limité de concessions privées dans les autres départements moyennant des formules d'intercommunalité. Le régulateur indépendant devra être habilité à piloter et à organiser la supervision de l'ensemble de ces opérations de mise en concessions.

Concernant les hydrocarbures et les mines, le régulateur doit par ailleurs être suprêmement responsabilisé dans l'encadrement institutionnel de tous les contrats pétroliers, gaziers et d'exploitations minières. La plupart de ces contrats requièrent un criant besoin de renégociation, qui doit être la suite logique de l'audit qu'il est utile d'effectuer sur tous les processus amorcés depuis des décennies et ayant mené aux signatures des divers contrats actuels. Sur les cas spécifiques du pétrole et du gaz, l'État du Sénégal doit intégrer une triple préoccupation supplémentaire. Il est possible, d'un côté, de revaloriser la part du Sénégal dans le partage de production qui est l'option retenue par l'État. Les déclarations du ministre des Mines et de l'Énergie démissionnaire en 2017, Thierno Alassane Sall, prouvent que le consortium Cosmos/BP proposait à l'État du Sénégal une part largement plus consistante que celle retenue dans l'un des contrats finalement conclus avec Total. Il faut admettre que les incitations à investir des multinationales dépendent de leur niveau d'accaparement des richesses générées et qu'il peut être prohibitif de vouloir renégocier certains contrats. D'un autre côté, il importe d'intégrer des normes claires de transferts de technologies pour éviter les effets *lock-in*, c'est-à-dire la dépendance perpétuelle vis-à-vis de ces multinationales pour toute future exploitation de ce type. Il faut enfin mettre un focus sur les mécanismes correctifs par rapport à l'ensemble des externalités négatives que les exploitations minières, pétrolières et gazières auront sur les écosystèmes, et notamment sur la mer et sur les activités de pêche. Il s'agit d'ériger un système de responsabilisation sociétale de tous les acteurs de ce secteur pétrolier, gazier et des mines. Il faut absolument tirer les leçons des inepties contractuelles commises ailleurs en Afrique.

L'Autorité de régulation de régulation des marchés publics (ARMP) est un instrument stratégique ayant des incidences très positives sur l'exécution de la commande publique, mais elle pose un problème d'indépendance puisqu'elle est sous la tutelle directe du gouvernement. Concernant les marchés de consommation, il est impératif de renforcer les prérogatives et les moyens matériels et financiers de l'Agence de régulation des marchés (ARM). La régulation des marchés recouvre de plus en plus d'enjeux sociaux et stratégiques avec l'arrivée de grandes multinationales de la distribution comme Auchan. Ces grandes multinationales peuvent mettre des barrières sur la qualité pour évincer plusieurs produits sénégalais de leurs rayons. Elles doivent être tenues de respecter les critères de contenu local en termes de main-d'œuvre et de produits sénégalais dans leurs rayons. L'avantage immanquable de l'émergence des grandes surfaces est de pallier la trop grande informalité de la distribution, avec son lot de carences fiscales et ses problématiques de salubrité, de pérennité, de sécurité et de précarité professionnelle. Il s'agit d'une forme de mutation indispensable qu'il faut encadrer, non sans inciter le secteur privé local à s'y impliquer davantage, suivant l'instauration d'un cadre concurrentiel sain et équilibré. Parallèlement, ces contraintes obligent l'ARM à agir concomitamment pour le respect strict des normes de propreté des produits agricoles sénégalais, devant l'utilisation de plus en plus abusive des pesticides et autres produits chimiques. Dans l'enseignement supérieur et la recherche, la création de l'Autorité nationale d'assurance/qualité (ANAQ/Sup) est une innovation hautement salutaire qui a déjà eu une incidence positive et bien perceptible dans la réorganisation du secteur.

Cependant, d'autres secteurs sont interpellés par des enjeux de régulation tout aussi stratégiques. La tarification de l'autoroute à péage Dakar/AIBD est exagérée. Une étude scientifique[18] a montré qu'avec un taux d'actualisation de 10 %, le partenaire Eiffage a injecté 1 064 milliards de FCFA et va engranger pas moins de 2 256 milliards de FCFA au bout des trente années d'exploitation. Donc, quelle que soit la clé de répartition du chiffre d'affaires de l'exploitation entre l'État, les charges de maintenance et la rémunération de l'opérateur, il existe des marges conséquentes de renégociation à la baisse des tarifs en faveur des usagers. L'absence d'un mécanisme adéquat de

18 Ndiaye E. M. (2018), « Public/Private Partnership and tariff regulation failure : the example of Dakar/Diamniadio toll highway in Senegal », *Economics Bulletin*, vol. 38, issue 1.

régulation n'a pas eu que des effets de surtarification, elle est également la cause d'anomalies contractuelles rocambolesques, notamment avec la facture exagérée de 386 milliards de FCFA pour 35 km d'autoroute et l'appellation *Build Operate and Transfer (BOT)* pour un ouvrage financé à plus de 80 % par l'État sénégalais. En cas de participation financière majoritaire de l'État, le contrat n'est pas de type BOT, mais il est de type *Design Build and Operate (DBO)*, et dans ce cas, la durée et la tarification sont plus réduites. Il faut quand même tenir compte de l'hypothèse des effets d'encombrement en cas de tarifs bas, et dans ce cas, le niveau élevé des tarifs doit être accompagné d'un niveau d'imposition bien revu à la hausse.

À l'aéroport international Blaise Diagne (AIBD), cette même liberté tarifaire est visible au niveau de toutes les surfaces commerciales. Dans le tourisme, il n'y a pas d'encadrement des tarifs, aussi bien pour la restauration que pour le transport terrestre ou les hôtels. On se rappelle encore le décret présidentiel de janvier 2014 astreignant les propriétaires immobiliers à réduire les tarifs du loyer. Il s'agit d'une nécessité vitale, mais pour laquelle l'État s'y est vraiment très mal pris. En catégorisant les logements par niveau de coût mensuel du loyer à seulement trois strates (baisse de 29 % pour les loyers inférieurs à 100 000 FCFA, 14 % pour ceux compris entre 150 000 FCFA et 500 000 FCFA et 4 % pour les loyers supérieurs à 500 000 FCFA), le gouvernement est justement accusé d'avoir piétiné le sacrosaint principe d'équité dès lors que les logements n'ont pas eu les mêmes coûts et n'ont pas été construits suivant les mêmes mécanismes. Les auteurs de ces propositions ont déclaré avoir préparé leur rapport en deux mois seulement, pour une question aussi sérieuse et aussi vitale que le logement. Ces quelques remarques imposent la création sans délai de deux autres organes régulateurs :

1. Une autorité indépendante de régulation des transports, horizontalement intégrée vers tous les niveaux de transport : routier, ferroviaire et aérien. Dans ce dernier niveau, il faut oser espérer que la nouvelle compagnie, Air Sénégal SA, va tirer les leçons des échecs cuisants d'Air Sénégal international en 2008 et de Sénégal Airlines en 2015. Il s'agit d'un investissement stratégique qui pourra permettre d'asseoir un régime tarifaire préférentiel pour promouvoir la destination Sénégal. Suivant cette logique préférentielle, il est envisageable de capturer, dans le chiffre d'affaires de cette compagnie, l'essentiel des achats de billets d'avion pour les voyages scientifiques des universitaires et les voyages officiels.

2. Une autorité indépendante de régulation du tourisme et de l'habitat, qui aura vocation à réglementer les sphères de la restauration, de l'immobilier et de l'hôtellerie. Sur ce dernier aspect de l'hébergement, il faut tenir compte des nouveaux phénomènes de logement chez l'habitant et la constitution de circuits électroniques de voyage que permet la révolution numérique. En plus de la dangereuse migration de la main-d'œuvre vers le numérique, il se pose un vrai problème de fiscalité. L'opérateur Airbnb a d'ailleurs proposé de jouer le rôle d'interface entre ses clients et les États, car aller recueillir les taxes auprès des multiples hébergeurs particuliers peut être prohibitif pour les États.

## 3. LE CONTENU LOCAL DE L'ÉCONOMIE SÉNÉGALAISE

Il faut reconnaître d'emblée que les déterminants de la performance du secteur privé se portent de mieux en mieux au Sénégal. D'abord, la cherté de l'énergie connue de 1999 à 2011 s'est substantiellement estompée. Ensuite, d'importants efforts ont été consentis pour une main-d'œuvre de plus en plus qualifiée. Enfin, les infrastructures routières, portuaires et aéroportuaires ont été bien améliorées à partir des années 2000. Sur l'électricité, le plan Takkal a eu des effets apaisants ressentis dès 2012. Les principales critiques formulées contre ce plan étaient les locations onéreuses de groupes de secours, le recours à des prélèvements parafiscaux pour son financement et les multiples projets de production d'énergies impropres à base de fuel et de charbon. La réalisation des projets du plan Takkal permet, en conjugaison avec les efforts de production fournis par le nouveau régime à partir de 2012, de tabler sur une capacité installée de 1 927 mW à l'horizon 2020. La consommation est estimée à 500 mW environ en 2010, avec une croissance moyenne de 8 % par an, soit un peu plus de 1 426 mW de consommation prévisible en 2020. Le Sénégal se positionne donc de plus en plus comme exportateur potentiel d'énergie électrique en Afrique de l'Ouest, avec ses quelque 500 mW de surplus de capacité disponible à cet horizon 2020. Des efforts importants ont aussi été consentis à l'énergie solaire, ce qui a porté la part des énergies renouvelables de 7 % en 2010 à plus de 11 % en 2018.

L'agriculture, quant à elle, est le secteur central du contenu local de l'économie sénégalaise, puisqu'elle est pratiquée par plus de 50 % des Sénégalais. Elle est prétendument la priorité du gouvernement sénégalais depuis l'ère Abdoulaye Wade dans les années 2000. Les résultats escomptés n'ont pas encore été atteints, dès l'instant où le Sénégal reste importateur d'une bonne quantité de riz, d'huile, d'oignons, de sucre, de fruits et de légumes. La filière du coton continue de décliner, avec une baisse de production de 52 % constatée en 2018, passant de 1 500 tonnes en 2017 à moins de 750 tonnes actuellement. Les objectifs d'autosuffisance en riz et en oignons, de même que l'augmentation drastique des productions horticoles prévue dans le cadre du Programme d'accélération de la cadence de l'agriculture sénégalaise (PRACAS) à l'horizon 2017, sont réellement approchés, mais ils sont loin d'être atteints. Il faut une évaluation de ce PRACAS – qui a été budgétisé à 581 milliards de FCFA à partir de 2014 – afin de situer les blocages et constituer des outils d'aide à l'amélioration des programmes en perspectives. En tout état de cause, les mêmes causes ont conduit aux mêmes effets dans le secteur :

- Le budget alloué à l'agriculture se situe en deçà de 200 milliards de FCFA (195 milliards FCFA en 2018), soit moins de 6 % du budget de l'État pour un secteur retenu comme prioritaire. Une poursuite sérieuse des efforts de rationalisation des dépenses publiques, avec le bannissement des actes de clientélisme et la lutte contre les sureffectifs et les exagérations salariales et indemnitaires dans les administrations, pourrait libérer des ressources redéployables vers la hausse du budget de l'agriculture.

- La vision du gouvernement doit dépasser cette logique d'agrobusiness qui s'est profondément incrustée avec les plans Retour vers l'agriculture (REVA) et Grande Offensive Agricole pour la Nourriture et l'Abondance (GOANA) lancés dans les années 2000. Le mot « business » renvoie à une tendance bien réelle où l'essentiel des moyens mobilisés entre dans la poche d'affairistes qui n'ont rien à voir avec l'agriculture, créant ainsi un effet d'éviction sur l'appui réel à apporter aux vrais paysans qui continuent de crever par manque de moyens dans le monde rural. La têtue intermédiation, toujours à l'œuvre dans la collecte et la commercialisation de l'arachide, est un exemple illustratif.

- Les taux de croissance économique du pays demeurent fortement tributaires de la situation de l'agriculture. La dépendance vis-à-vis de la pluviométrie est une grande fragilité qui n'a que trop duré face aux immenses potentialités dont regorge le pays pour la maîtrise de l'eau.

Il faut un audit des multiples projets non achevés, comme le projet du canal du Cayor (années 1990), et faire de la maîtrise de l'eau un objectif central dans les nouveaux programmes, sans négliger les potentialités du stockage des eaux pluviales, du goutte à goutte et d'autres procédés offerts par les nouvelles technologies.

L'octroi répétitif d'hectares de terres à des acteurs étrangers chinois, marocains, turcs, indiens et autres, est en train de vendanger progressivement tous les efforts fournis jusque-là pour responsabiliser le secteur privé sénégalais dans le domaine agricole. Les regroupements d'acteurs du secteur avicole ont fait une sortie en avril 2018 pour dénoncer le laxisme flagrant de l'État sénégalais favorisant de plus en plus l'implantation d'entreprises étrangères. À titre d'exemple, ils ont cité le cas du groupe marocain Zallar, installé à Sandiara sur 180 ha, intervenant dans toute la chaîne de production avicole et produisant 500 000 poussins par semaine. Cette propension du gouvernement à faire valoir une certaine *préférence étrangère* a atteint des proportions consternantes. Elle a infecté tous les secteurs vitaux de l'économie et surtout les secteurs du secondaire et du tertiaire. À part les plus de 20 % du Produit intérieur brut appartenant aux intérêts français et en hausse permanente, l'économie du Sénégal est profondément entre les mains de plusieurs autres multinationales dans les secteurs des hydrocarbures, de la distribution, de la construction, des activités portuaires et aéroportuaires, dans la cimenterie, dans l'extraction, dans les télécommunications, dans la distribution d'eau et même dans l'agriculture. Le domaine de l'expertise n'est également pas épargné par la mainmise étrangère. Les Sénégalais se plaignent encore de l'implication d'un cabinet étranger dans la confection du PSE. En plus des incommensurables autres contrats de consultance octroyés à des cabinets étrangers, le Groupe des experts sénégalais de l'industrie des transports aériens a justement raison de se lamenter du choix d'un Français pour diriger Air Sénégal SA avec le recyclage des retraités d'Air France.

L'opérateur Tigo a finalement été cédé à un consortium composé du groupe sénégalais Teyliom, de l'opérateur français NJJ et d'Axian[19]. Devant la remise en cause du contrat de vente qu'il avait signé avec Tigo au début de l'année 2017, Kabirou Mbodj, propriétaire du groupe sénégalais de transfert d'argent Wari, avait déclaré que le fait d'associer un Sénégalais dans le nouveau consortium est un subterfuge destiné uniquement à montrer que la cession implique encore des Sénégalais. C'est donc regrettable que le nom de Yérim Sow (Teyliom) soit cité dans cette sombre affaire de cession validée avec un autre consortium alors que le litige avec le groupe Wari n'est pas encore soldé par la Cour arbitrale de Paris où Kabirou Mbodj avait déposé deux plaintes en novembre 2017. Cette affaire montre, encore une fois, l'absence de vision dans les choix publics de l'État sénégalais. Le groupe Sonatel, détenu à plus de 42 % par France Télécom, s'est profondément impliqué dans le mobile banking avec ses offres Orange Money, qui lui procurent un faramineux chiffre d'affaires. Expresso est aussi la filiale d'une entreprise étrangère qui s'est également taillé un bon chiffre d'affaires dans le secteur. L'occasion s'était alors présentée pour la promotion d'un groupe de télécommunications sénégalais afin de réduire la dépendance exclusive du pays vis-à-vis des multinationales sur le plan des technologies de l'information et de la communication et d'internaliser pour le pays une bonne partie des valeurs ajoutées des télécommunications et du mobile banking.

19 Axian appartient à la famille Hiridjee, famille française d'origine indienne et établie à Madagascar depuis 150 ans.

Les intérêts étrangers n'épargnent aucune strate de l'économie sénégalaise, même les activités les plus dérisoires. Les Sénégalais sont déjà outrés par l'attribution, à des Français et à des Turcs, de toutes les exploitations commerciales à l'AIBD. En outre, le restaurant argentin de l'université de Dakar est géré par la marque française Ansemble, qui s'est récemment fait attribuer la gestion du restaurant universitaire de Thiès, auparavant géré par l'entreprise sénégalaise Momar Fall (EMF), dont le contrat devait arriver à son terme en 2019. Il ne reste plus que des miettes pour un secteur privé sénégalais de plus en plus victime de l'incurie et de l'immobilisme de l'État. Le Président Abdoulaye Wade avait insufflé une dynamique d'inversion de la tendance durant les années 2000. Mais son action était en demi-teinte. L'opérateur sénégalais de BTP, Bara Tall, a été finalement fragilisé. Son entreprise Jean Lefebvre Sénégal (JLS) a ainsi perdu, en 2009, le marché de réfection de la route de Ouakam et celui de l'autoroute à péage Dakar/Diamniadio, raflés respectivement par les opérateurs français Fougerolle et Eiffage. Le régime installé en 2012 est allé beaucoup plus loin en 6 ans en favorisant des forces étrangères multiples : la part du lion pour les Français et une aubaine pour les Chinois, Marocains, Turcs, Indiens et autres. La première conséquence est une croissance appauvrissante et extravertie, déclarée à 7,1 % en 2017 et accaparée quasi intégralement par ces investisseurs étrangers. À ce rythme, il est normal que ce nouveau régime ait davantage besoin de distribuer des bourses de sécurité familiale (400 000 familles en 2018). La faible productivité du capital (18 % environ) crée un cercle vicieux qui va davantage affaiblir les taux de croissance, creuser le chômage et amoindrir la soutenabilité et la solvabilité de la dette publique. Les grands équilibres macroéconomiques sont de plus en plus rompus. Le déficit public reste autour de 4 % et l'endettement continue de plus belle avec 1 200 milliards de FCFA d'eurobonds bizarrement contractés en 2018 alors que la loi de finances en autorise 641 milliards. L'encours d'endettement public est à près de 63 % du PIB en 2018.

L'autre conséquence, c'est la faiblesse des exportations et l'aggravation des importations, une situation faisant état d'un taux de couverture des importations par les exportations stagnant autour de 54 % ces dernières années. L'année 2017 s'est en même temps achevée avec une augmentation du déficit commercial à hauteur de 10,4 % du fait de la forte hausse des importations (+18,77 %). Le déficit commercial représente 16,5 % du PIB et s'est chiffré à plus de 1 400 milliards de FCFA en 2017. Les deux fautes graves qui expliquent cette situation commerciale inconfortable sont la négligence du secteur privé local et l'attitude d'incurie vis-à-vis des potentialités économiques endogènes. Les ressources supplémentaires qui permettent à l'économie du pays de résister à la morosité interne reposent sur les envois de fonds des émigrés, qui ont atteint 1 104 milliards de FCFA en 2017, soit près de 12 % du PIB. Il s'agit d'une autre fragilité qui s'ajoute à l'extraversion sur l'investissement, puisque ces envois de fonds dépendent totalement de la conjoncture économique mondiale et que la plupart d'entre eux, destinés exclusivement à la consommation, repartent à l'étranger par le canal des importations. On se rappelle encore les fortes tensions à la baisse de ces envois lors de la crise des *Subprimes* à partir de 2007. Les arguments sont multiples et suffisamment interpellatifs pour que l'autorité publique s'oriente résolument vers une revalorisation consistante de la part du secteur privé local dans l'économie.

Depuis le début des années 2000, le gouvernement du Sénégal a constamment exprimé sa volonté de revaloriser la part du secteur privé national dans l'économie. Mais l'Agence de promotion des investissements et des grands travaux (APIX) ne s'est pratiquement pas focalisée sur la performance du secteur privé local. Elle a plutôt été le support d'une politique d'attraction des Investissements directs étrangers (IDE) dont le flux a doublé depuis 2008 en dépassant la barre des 400 millions de dollars en 2016. Le circuit de création d'une entreprise au Sénégal a été largement amélioré (48 heures) suivant une logique qui favorise davantage les investisseurs étrangers. Les normes internationales du mouvement des capitaux comportent des incohérences et des déséquilibres en ce qu'elles appellent les Africains à boxer avec des puissances largement plus fortes. Le traitement juste et équitable voudrait instituer l'équité, le respect du standard minimum de protection requis ainsi que les mêmes avantages que ceux accordés aux entreprises nationales. Il s'agit d'une bonne disposition sur le principe, mais elle n'arrange pas les intérêts économiques et la perspective d'industrialisation de l'Afrique. Les Accords de partenariat économique (APE) vont, en plus, sonner la fin des non-réciprocités commerciales et des instruments compensateurs comme le Sysmin (Système de Développement du potentiel minier) et le Stabex (Fonds de Stabilisation des recettes d'exportations), qui étaient à l'œuvre dans le cadre des accords Europe/ACP. Donc, confinée dans un désert industriel et dans des productions de matières premières, l'Afrique risque, avec ces accords sur l'investissement, d'être à la merci des multinationales et d'être broyée dans la cuisine industrielle de l'Occident et de la Chine. Le concept de traitement juste et équitable recouvre ainsi une dimension inéquitable. C'est pourquoi la Conférence des Nations Unies sur le Commerce et le Développement (CNUCED) milite en faveur d'un nouveau modèle d'accord permettant aux Africains d'avoir plus de flexibilité dans leurs choix économiques.

Sur le climat des affaires, il faut que l'on arrête les opérations cosmétiques pour gagner des points aux classements Doing Business où le Sénégal est constamment au-delà des 160 premiers. Les investisseurs étrangers qui ciblent le Sénégal ne s'intéressent nullement pas à ces classements souvent contestés. Les nouveaux pays comme le Maroc, la Chine, l'Inde ou la Turquie, qui envoient leurs investisseurs au Sénégal, ont déjà ourdi une vision claire de leurs objectifs. La Turquie, par exemple, a décliné en 2018 son objectif de porter ses exportations à plus de 400 millions de dollars vers le Sénégal sur le court terme, alors que le Sénégal n'exporte vers la Turquie qu'à hauteur de 4 millions de dollars par an. Cela signifie simplement qu'une potentielle production locale sera le fait de Turcs qui vont encaisser l'argent des Sénégalais par leurs exportations, à la grande défaveur du secteur privé et des créations d'emplois locaux. La Chine, quant à elle, appâte ses partenaires africains par une aide restreinte à taux presque nuls, avec un accès assez facile qui ne fait qu'aggraver leur endettement public. Elle en profite pour déverser ses produits finis en Afrique, qui est par ailleurs pour elle une source importante d'assouvissement de ses immenses besoins d'hydrocarbures. L'Afrique est plus que jamais un réservoir de matières premières et un dépotoir de produits finis, ce qui limite ses capacités d'industrialisation, creuse ses déficits commerciaux et fragilise du coup ses diverses postures monétaires par l'effritement de ses réserves de change. L'arrivée en masse des marchandises chinoises à partir des années 2000 a été concomitante avec l'aggravation de l'émigration clandestine. Plusieurs artisans sénégalais, pêcheurs et marchands ambulants ont vu leurs activités et leurs débouchés s'amenuiser progressivement et n'ont eu d'autres choix que de tout liquider pour émigrer. Les artisans sénégalais n'ont pas capitulé, mais à part les incidences négatives de l'arrivée massive de marchandises chinoises, ils souffrent d'un défaut d'encadrement dans la normalisation des produits comme les chaussures. De même qu'une configuration très informelle et à tous les niveaux d'activités (BTP, menuiserie, cordonnerie, couture, etc.) les empêche de pouvoir soumissionner correctement aux marchés publics. Il y a également une contrainte de capacité qui leur impose d'être encadrés sous forme de consortiums pour être en mesure de satisfaire l'envergure de certains marchés publics.

Il faut être ferme dans les liaisons de coopération pour leur donner une configuration symbiotique. Le jeu de la coopération internationale n'est effectivement pas à somme nulle, pour paraphraser le prix Nobel d'économie en 2008, Paul Krugman. Malheureusement, le climat sénégalais des affaires penche dangereusement en faveur des investisseurs étrangers. Dans plusieurs cas, comme ce qui s'est passé avec la licence de Tigo, des Sénégalais sont mis à l'écart en faveur d'étrangers. On peut également citer les multiples cas où des agriculteurs sénégalais ont été dépossédés de leurs terres en faveur d'Européens, de Marocains, de Chinois, de Malaisiens ou d'Indiens. Ces derniers ont une présence de plus en plus encombrante dans la zone Sud du Sénégal où ils ont pratiquement récupéré toutes les chaînes de valeur liées à l'exploitation des anacardes. Réciproquement, il faut évaluer le degré d'accès des Sénégalais aux possibilités d'investissements à l'intérieur de tous ces pays étrangers. Il s'agit d'une préoccupation d'ajustement à l'étranger qu'il faut associer aux corrections à apporter dans le climat des affaires. Il faut le répéter : les IDE sont un acquis, un appoint indispensable, mais le Sénégal a assez œuvré pour bien les accueillir. Il reste à promouvoir l'approche des joint-ventures impliquant des Sénégalais dans une bonne partie des IDE et à accompagner les Sénégalais dans leur implantation à l'étranger. Il faut également déterminer des sphères limitées, bien désignées et encadrées dans lesquelles les étrangers peuvent commercer avec le Sénégal. Le Sénégal doit exploiter, avec toutes les précautions nécessaires, les avantages comparatifs potentiels que recèlent certains domaines d'activités comme les productions animales, le riz, les oignons, l'arachide, le maïs, les tomates, l'huile, le citron, les mangues, le textile, la boiserie, la métallurgie et la brasserie. Finalement, le volet manquant dans toutes les stratégies d'amélioration du climat des affaires, c'est cette touche préférentielle qui fera éclore le potentiel du secteur privé local selon une vision précise.

# TITRE 3

# SIX PROJETS PRIORITAIRES À L'HORIZON 2024

*« Notre défi pour le présent et pour l'avenir, c'est de gagner notre indépendance économique en nous libérant du besoin de l'aide et de la dépendance extérieures pour tout ce que nous pouvons produire par nous-mêmes. »*

Macky Sall, 2015.

Il serait prétentieux de considérer qu'on peut faire l'unanimité sur les secteurs prioritaires. Chaque secteur est géré par des acteurs qui peuvent argumenter la priorité de leur domaine. Mais l'économie est la science des choix selon le prix Nobel d'économie en 2001, Joseph Stiglitz. Les ressources étant rares, il est alors inaliénable d'allier calcul économique et arbitrage pour respecter le critère d'allocation optimale des ressources. L'économie est tout de même faite de locomotives dont les unes tirent les autres. Et à la base de chaque société se trouvent les compétences et les connaissances. Le monde est profondément entré dans l'ère de l'économie de la connaissance dans laquelle l'insertion des pays africains est inhibée par leur instabilité et leur retard dans le secteur éducatif et de la formation. Au Sénégal, les mêmes causes créent les mêmes effets avec à la base les carences du gouvernement, qui lésine sur les moyens en ce qui concerne la fabrication du capital humain. La crise de ce secteur est globale, mais à part les revendications financières des syndicats d'enseignants et d'étudiants, elle est liée en grande partie aux mutations profondes qu'impose la révolution numérique. Celle-ci laisse de plus en plus s'incruster une *digital society*, c'est-à-dire une dépendance de plus en plus prononcée de l'homme vis-à-vis de l'écran et du clavier. L'économie numérique est l'un des chantiers prioritaires. La migration du travail vers les supports numériques est une tendance qui risque d'aggraver le chômage au niveau des pays comme le Sénégal qui sont déjà submergés par des supports numériques étrangers. Par ailleurs, la croissance démographique, l'urbanisation rapide et les enjeux multiples liés au transport font de la réhabilitation du chemin de fer une grande priorité qui va permettre de préserver les routes tout en étant un appoint indispensable pour les transports en commun. Le programme Promovilles est en adéquation avec les enjeux urbains de l'heure en termes d'infrastructures, de transport en commun, de salubrité, d'environnement et de services à la jeunesse. Il doit avoir la priorité selon une formule bien améliorée sur les plans des financements et des prérogatives. Le débat sur l'autonomie monétaire sera enfin abordé, la monnaie étant la priorité des priorités.

## 1. Le chantier de la nouvelle carte universitaire

La formation supérieure n'est pas un secteur stable et cette situation n'occulte guère les importants efforts fournis ces dernières années par le gouvernement sénégalais pour améliorer les infrastructures et le statut des enseignants du Supérieur. Il faut reconnaître au professeur Mary Teuw

Niane le mérite d'avoir entrepris des réformes difficiles réclamées par tous les observateurs du secteur. L'homme éprouve naturellement de l'aversion pour le changement. Et la nécessité de prendre en compte de manière démocratique les avis des cibles des réformes sont certainement deux facteurs explicatifs des retards. Mais il faut reconnaître d'emblée que les contrats de performances (CDP) conclus en 2010 avec la Banque mondiale n'ont pas réglé le problème essentiel des infrastructures. Ces contrats ont tout de même stimulé les motivations dans l'utilisation des TIC, notamment pour la formation à distance. La réforme Licence-Master-Doctorat (LMD) a également permis des ajustements coûteux – mais indispensables –, l'amélioration du taux d'encadrement, encore très insuffisant, la hausse des taux de réussite en premier cycle et le respect des normes de qualité de l'enseignement supérieur à travers la révision des maquettes, des curricula de formation et le respect des volumes horaires. L'Autorité nationale d'assurance-qualité de l'enseignement supérieur (ANAQ/Sup) est, quant à elle, d'un appoint extrêmement utile pour la régulation et le contrôle dans le secteur, infecté par une prolifération hors normes des établissements privés. Toutefois, les universités du Sénégal ne se sont pas encore tirées d'affaire sur les véritables aspects générateurs de tensions. Il y a encore des bacheliers non orientés malgré le recours de l'État aux écoles privées et la création de l'Université virtuelle du Sénégal (UVS).

Il faut reconnaître que le refus de plusieurs bacheliers d'aller à l'UVS est d'ailleurs l'une des principales explications de l'existence récurrente d'une multitude de bacheliers qui se considèrent comme étant non orientés. Les contraintes liées au correct fonctionnement de l'UVS sont multiples. Il faut une infrastructure de permanence dans chaque lieu d'implantation, un accès continu à Internet, un ordinateur pour chaque étudiant et un nombre suffisant d'enseignants et du personnel administratif, technique et de service. Le gouvernement est en train de fournir beaucoup d'efforts sur chacun de ces aspects à travers le lancement de 50 espaces numériques ouverts (ENO) qui vont couvrir les 45 départements du pays et dont 21 sont en phase avancée d'implantation. Si toute cette logistique humaine et matérielle est assurée, alors la capacité de l'UVS sera incommensurable en termes d'accueil de tous les bacheliers qui n'arrivent pas à être orientés dans les autres universités. L'UVS présente toutefois un grand problème de pérennité et de crédibilité, puisque les étudiants qu'elle reçoit vont toujours avoir ce sentiment d'injustice par rapport à leurs camarades admis dans les autres universités. À défaut d'une bonne stratégie pour convaincre les bacheliers de l'équivalence opérationnelle entre l'UVS et les autres universités, l'utilisation du numérique en tant qu'appoint logistique pour recevoir de plus en plus d'étudiants est une pratique qui peut être mieux assimilée par les étudiants sénégalais si elle est intégrée dans le fonctionnement des universités physiques.

Dans l'état actuel des choses, les universités trainent encore des carences compromettantes en termes de capacités. L'université de Dakar regorge de plus de 80 000 étudiants pour une capacité de 25 000 à 30 000 étudiants. L'université de Saint-Louis et les autres universités créées pour son désengorgement n'ont pas encore satisfait cet objectif urgent. Les universités de Ziguinchor, de Bambey et de Thiès souffrent d'un manque criant d'infrastructures. C'est pourquoi l'opinion publique s'indigne de la volonté du gouvernement d'implanter de nouvelles universités à Dakar, Kaolack et Tambacounda, alors que les nouvelles universités déjà existantes ne donnent pas encore l'image de vraies universités et que la maigreur indescriptible de leurs ressources humaines et infrastructurelles les maintient chaque année dans le recrutement d'effectifs dérisoires de bacheliers. Par exemple, l'UFR Sciences économiques et sociales (SES), qui en est la plus grande de l'université de Thiès, fait même un sacrifice en acceptant chaque année une centaine de bacheliers dans chacun de ses quatre départements et filières (Sciences économiques et de gestion, Langues étrangères appliquées, Management du tourisme et Management informatisé des organisations). Cette UFR SES, regorgeant d'un peu plus de 1 200 étudiants, fait intervenir plus de 60 vacataires, car elle n'a que 24 enseignants permanents.

L'autre aspect tout aussi crucial est le contenu des formations et leur adaptation vis-à-vis des enjeux de l'heure. On se plaint toujours du déphasage entre les formations offertes à l'université et les réels besoins du marché du travail à l'ère des évolutions technologiques rapides et de la révolution numérique. Il faut oser le dire, la prééminence des filières littéraires est une anomalie de taille qu'il faut extirper dès les phases de formation secondaires. La Faculté de lettres regorge de la moitié des effectifs d'étudiants de l'université de Dakar. Les universités de Saint-Louis, de Ziguinchor, de Bambey et de Thiès se sont efforcées dans l'élaboration d'offres de formation littéraire mieux adaptées aux nouveaux contextes et elles ont pu éviter cette anomalie de la domination des formations littéraires. Ces efforts doivent être poursuivis afin d'accompagner l'éducation et la formation dans cette révolution scientifique telle que déclinée dans les nouveaux projets et programmes du ministère de l'Enseignement supérieur, de la Recherche et de l'Innovation. La Concertation nationale sur l'avenir de l'enseignement supérieur (CNAES) organisée en avril 2014 a été une occasion bien saisie pour ausculter tous les maux du secteur. Elle a indiqué onze séries de mesures qui, globalement, peuvent permettre de réajuster les tendances dénuées de stratégies qui stérilisent la formation supérieure et la recherche au Sénégal. La logique centrale qui est mise en avant est celle orientée exclusivement vers le renforcement de la productivité globale des facteurs de production (capital humain et physique) et la réduction du chômage. La technologie crée du chômage parce que la machine remplace l'homme. Mais des emplois sont générés dans la création des machines, leur fonctionnement et leur maintenance pour les pays disposant d'un capital humain adapté à ces défis. Tel est l'enjeu essentiel qui interpelle les autorités dans le sens d'expérimenter toute stratégie visant à promouvoir les filières scientifiques.

Par ailleurs, le management des effectifs des universités traîne un autre problème dans les niveaux de formation. Le master pour tous est une revendication permanente au niveau des amicales d'étudiants au moment où le gouvernement entend privilégier les cycles de formation courts (licences professionnelles), qui était d'ailleurs le paradigme initial mis en avant dans la création des universités de Ziguinchor, de Thiès et de Bambey. Mais les carences du marché du travail se répercutent en termes de réclamations d'une poursuite des études par des étudiants stressés par le risque d'errance et d'oisiveté après leur licence. L'inscription en master offre, en effet, la possibilité de percevoir une bourse pour maintenir une certaine stabilité financière. Cette problématique se pose toujours avec acuité puisque la situation n'a pas bien évolué. Il ne faut tout de même pas que le gouvernement reste les bras croisés parce qu'un pays doit s'efforcer de construire ses élites. Si tout le monde a accès au master et au doctorat, c'est que le travail de sélection et d'orientation n'est pas bien fait et cela mène à une sorte d'armée mexicaine où les moins brillants acquièrent des sésames qui les promeuvent à des niveaux de responsabilité où l'on peut avoir de meilleurs profils. La détermination et la mise en vigueur ferme de moyennes minimales pour l'accès aux niveaux supérieurs de formation sont des impératifs. Elles doivent être suppléées au niveau de l'ANAQ/Sup par une véritable campagne de réajustement de ces mêmes niveaux dans le privé. Il importe d'ajouter que dans le cadre des fonctions de services, plusieurs formations privées sont organisées dans les universités sénégalaises, avec le support des infrastructures publiques. Ce système doit faire l'objet d'un audit et d'une évaluation sur ses véritables impacts dans les universités, afin d'amener les correctifs nécessaires en le focalisant davantage sur la formation continue des agents des administrations publiques et du secteur privé.

Fort de ces éléments de diagnostic, le premier geste à prévoir en faveur des universités sénégalaises est de parachever le chantier de la nouvelle carte des universités publiques, déjà entamé en 2007. Le patrimoine universitaire public était composé jusqu'en 2007 de l'université de Dakar avec son école supérieure polytechnique (ESP), l'université de Saint-Louis, l'École polytechnique de Thiès (EPT), l'École normale supérieure d'agriculture de Thiès (ENSA) et l'École nationale des cadres ruraux de Bambey, devenue en 2008 Institut supérieur de formation agricole et rurale (ISFAR), maintenant rattachée à l'université de Thiès. Une nouvelle carte universitaire s'est dessinée en 2007 avec la création des universités de Ziguinchor, de Thiès, de Bambey et de l'UVS, qui sont jusqu'à présent interpellées par de grands défis infrastructurels (matériels et humains). Cette nouvelle carte universitaire s'est enrichie des projets de l'université Amadou Makhtar Mbow de Dakar, de l'université Elhadji Ibrahima Niass du Sine Saloum, de l'université du Sénégal oriental à Tambacounda, et de deux centres universitaires délocalisés à Kolda et à Guéoul. Pour les cycles courts de formation, les instituts supérieurs d'enseignement professionnel (ISEP) constituent une bonne innovation. La ville de Thiès dispose d'un ISEP déjà fonctionnel et l'ISEP de Diamniadio est en phase finale de construction. Trois autres ISEP sont en construction à Bignona, Matam et Richard-Toll. Ce programme des ISEP doit être élargi en urgence aux 45 départements du Sénégal avec des contenus de formation qui peuvent être arrimés à la logique des pôles intégrés prévus dans le Plan national d'aménagement et de développement territorial (PNADT) en élaboration au niveau de l'Agence nationale d'aménagement du territoire, par exemple, des cycles courts de formation en agrobusiness dans les villes de Ziguinchor et Kaolack, en artisanat autour du cuir dans le département de Mbacké, en activités sylvo-pastorales et productions animales dans les départements de Louga et Linguère, etc. Ainsi, rien qu'à raison d'une capacité de 500 à 1 000 étudiants, les 45 ISEP pourraient accueillir jusqu'à 20 000 des 50 000 à 60 000 bacheliers qui vont frapper aux portes des universités à court terme.

Pour finir, il faut regretter les incidents de paiement des bourses ayant conduit à la mort de l'étudiant Fallou Sène (Paix à son âme) en mai 2018. Ce problème des bourses est finalement d'ordre structurel. Certains observateurs théorisent la non-soutenabilité de ce système structurellement tendu des allocations, qui mobilise de plus en plus de fonds publics. Le besoin de réformes est partout présent dans toute l'administration sénégalaise, mais le problème des bourses ne devrait pas être posé de cette manière. Les efforts en cours, notamment avec le système des ISEP, la révision des curricula de formation, le rapprochement avec le marché du travail et l'adoption des formations en alternance (université/entreprise) devraient mener à moyen terme à la maîtrise des effectifs dans les universités. Cette rationalisation est le seul rempart contre l'aggravation des dépenses d'allocations, à condition que le marché du travail y joue convenablement le rôle escompté. La réalité est que les étudiants, leurs enseignants et les associations de parents d'élèves et d'étudiants avec eux, n'accepteront aucune brutalité dans le traitement de ce problème, qui nécessite une importante phase de transition. L'État du Sénégal paie actuellement environ 50 milliards de FCFA d'allocations d'études par an sur un budget exécuté à hauteur 3 400 milliards de FCFA environ en 2018, soit 1,5 %. Il faut maintenir ce ratio et, dans ce cas, l'évolution des fonds va uniquement suivre l'évolution des recettes budgétaires de l'État. En effet, si l'État sénégalais se donne les moyens de débourser 40 milliards de FCFA pour des bourses de sécurité familiale, on peut affirmer sans se tromper que les retombées socio-économiques de ces bourses familiales sont moins certaines que celles escomptées du capital humain que constituent les étudiants. Ces derniers doivent être davantage mis à contribution dans l'équilibre budgétaire des universités et cette logique peut d'ores et déjà être bien incrustée dans le fonctionnement des ISEP.

## 2. Le défi de l'économie numérique

Le Sénégal bénéficie d'un des plus grands taux de pénétration des technologies de l'information et de la communication en Afrique subsaharienne. L'accès à la téléphonie a été universalisé et plus de 10 millions de Sénégalais utilisent maintenant Internet sur une population d'un peu plus de 14 millions d'habitants. La Société nationale de télécommunications (groupe Sonatel) est la plus grande entreprise cotée à la Bourse régionale des valeurs mobilières (BRVM) de l'UEMOA et, avec elle, le Sénégal détient le deuxième opérateur de télécommunication en Afrique subsaharienne, derrière l'Afrique du Sud. L'entrée de Tigo (2000) et d'Expresso (2009) a instauré une dynamique concurrentielle qui a permis un accès aux services de moins en moins cher. Le Sénégal dispose à cet effet d'un atout de taille qui lève le premier obstacle de la couverture réseau dans la lutte contre la facture numérique. Sur le plan des terminaux, les Sénégalais sont suffisamment en phase du point de vue des supports. Mais c'est au niveau de la maîtrise logicielle que se situe l'équation fondamentale du fait d'une population encore caractérisée par un grand niveau d'analphabétisme numérique. Tous les Sénégalais détenteurs de téléphone ne maîtrisent pas les procédures d'usage d'Orange Money ou Tigo Cash au point de faire passer l'essentiel de leurs transactions par ces systèmes. Tous les Sénégalais ne connaissement pas les services d'achat en ligne ou, le cas échéant, beaucoup d'entre eux n'ont pas encore confiance aux mécanismes. Tous les Sénégalais ne savent également pas qu'il est possible de trouver une chambre à Dakar pour un séjour temporaire via le site Airbnb.fr. Ces quelques remarques posent la problématique de la conscientisation et de la capacitation des masses populaires. Elles soulèvent une autre problématique tout aussi préalable : qui sont les offreurs de ces services numériques qui se substituent de plus en plus aux services traditionnels connus jusqu'ici ?

Le numérique est une véritable révolution qui bouleverse rapidement les sociétés modernes. Plusieurs enquêtes prospectives ont montré que plus de 80 % des métiers à l'horizon 2030-2040 n'existent pas encore. Actuellement, il est noté une migration accélérée de l'emploi des supports physiques vers des supports de plus en plus numériques. Le numérique crée de l'emploi, mais la disparition rapide des professions intermédiaires inquiète. On peut déjà le constater aisément : quand le téléphone portable s'est généralisé, les télécentres ont disparu, et avec eux, les emplois qu'ils généraient ; les agences de voyages disparaissent à mesure que se généralise la préparation des circuits touristiques et de voyage par Internet ; les boutiques Orange, Tigo, Expresso vont disparaître à mesure que les mêmes services peuvent être obtenus facilement par mobile banking ou par Internet. Le processus occasionne ainsi de véritables bouleversements sur le plan de l'emploi qui, si on n'y prend pas garde, risque fortement d'aggraver silencieusement le chômage au Sénégal. Le danger est que la plupart des supports numériques, utilisés pour acheter les billets d'avion à la grande défaveur des agences traditionnelles ou pour trouver un hébergement à la grande défaveur des agences immobilières et des hôtels, ne sont pas sénégalais. D'autres services facilités par le numérique, comme le covoiturage ou l'hébergement chez l'habitant, font de plus en plus de mal aux transporteurs en commun et aux hôteliers. On peut citer les exemples de Blablacar pour le transport, d'Airbnb pour l'hébergement ou de E-dreams pour les voyages et les achats de billets d'avion. Au Sénégal, le groupe Sonatel, appartenant à la France à 43 %, capture de plus en plus de services financiers que les Sénégalais exerçaient sous forme de boutiques multiservices. C'est déjà le cas dans la vente des cartes de recharge et des boutiques de transfert d'argent, qui disparaissent progressivement. La Société Générale de Banque a annoncé la disparition prochaine de la profession de caissier dans ses agences. La saignée sur l'emploi sera donc impitoyable. Cette question doit être au centre des préoccupations programmatiques des leaders politiques. Il s'agit d'une nécessité sur laquelle il ne faut pas transiger si l'on veut juguler le chômage de masse des jeunes.

Il faut se féliciter de la prise de conscience, chez les opérateurs, de ces tendances numériques dangereuses sur l'emploi. Dans le cadre de ses activités de responsabilité sociale, le groupe Sonatel a lancé en 2016 plusieurs programmes « *digital society* » par lesquels il mène une opération de sensibilisation et une campagne d'encadrement des jeunes à créer des start-up numériques et des fintech. Le rattrapage sera long, mais des actions ponctuelles de ce type au niveau de tous les segments privés et publics pourront permettre de juguler les carences sur le moyen terme. L'État du Sénégal a élaboré une stratégie Sénégal Numérique 2025, bien améliorable, mais qui fixe des lignes d'action, et dont la stricte poursuite aura des impacts anticipatoires positifs. Mais ce sur quoi il faut s'appesantir, c'est la sensibilisation et la conscientisation des masses. À ce niveau, le Forum africain sur les compétences des jeunes et des entreprises à l'ère du numérique, tenu à Dakar du 17 au 19 avril 2018, a soulevé des problématiques qui permettent d'être optimiste concernant la maîtrise des enjeux par les élites du secteur. Le forum a eu comme thème principal : « Exploiter le dividende démographique grâce à l'investissement dans la jeunesse » et son but était d'inviter les jeunes à développer leur leadership et leurs compétences numériques en se dotant des connaissances, des outils, du savoir-faire et du savoir-être nécessaires pour concevoir des produits et services commercialisables. L'autre intérêt de ce forum, auquel ont pris part des responsables de l'Université virtuelle du Sénégal (UVS), a été d'aborder la question importante du rapport entre le numérique et le secteur agricole. Le numérique est un support stratégique pour renforcer l'attractivité du secteur agricole dans ce contexte où le gouvernement en a fait une priorité. Il est ainsi une véritable opportunité pour résoudre les récurrents problèmes de commercialisation des produits agricoles. Puisque chaque paysan peut disposer d'un téléphone, des applications numériques peuvent être élaborées suivant la création de réseaux internationalisés de demandeurs et d'offreurs avec un système d'informations sur les prix et les quantités en temps réel. Au Rwanda, un projet des Nations unies a mis en œuvre une plateforme numérique qui permet aux cultivateurs de maïs de se tenir informés des marchés et de la météo afin de mieux anticiper sur leur production et leurs tarifs. La société de services numériques iDEV Tech, du groupe sénégalais iDEV, est porteur d'un projet de centre de renforcement des capacités des jeunes agriculteurs dans la maîtrise des technologies et des pratiques agricoles par l'utilisation des TIC.

Le chantier numérique est donc une autre priorité nationale qui interpelle toutes les parties prenantes et surtout les opérateurs, que l'État doit davantage inciter à l'action dans le cadre de leur responsabilité sociale. Conjointement aux efforts financiers à fournir pour changer les mentalités, il est tout aussi crucial pour les dirigeants du Sénégal de mobiliser suffisamment de fonds pour :

- mener des opérations gratuites de capacitation à l'usage d'internet et des applications utiles destinées à un maximum d'adultes analphabètes de toutes les couches sociales, de connivence avec les mouvements associatifs et les autres regroupements à la base ;

- créer un Observatoire national de la révolution numérique qui puisse également jouer le rôle de sentinelle pour le respect des règlements, la surveillance à propos de la neutralité du net, l'accès universel à internet et le respect des obligations de responsabilité sociale de tous les acteurs du secteur ;

- créer un fonds spécifique de garantie et de financement de projets, de start-up et de fintech, avec des services connexes d'encadrement permanent et comme slogan : « Obligation de réussite ».

## 3. La réhabilitation du chemin de fer et la promotion du transport en commun

Quand un cadre sénégalais pourra-t-il s'habituer à utiliser le transport en commun pour aller travailler chaque jour ou même pour se déplacer à l'intérieur du pays ? La réponse est claire : il faudrait que les transports en commun en présentent le confort dans un cadre strict de respect des horaires et des normes de sécurité. Les enjeux sont multiples et cruciaux. Le désengorgement de Dakar et des autres villes en urbanisation rapide comme Ziguinchor, Thiès, Mbour, Saint-Louis et Touba, de plus en plus affectées par les embouteillages et la pollution de l'air, passe inéluctablement par la réduction du nombre de véhicules dans les routes. Un véhicule par travailleur sénégalais, c'est une tendance qui n'est vraiment pas soutenable. À Dakar, la circulation concomitante des cars rapides, des *Ndiaga Ndiaye*, des taxis clando, des taxis, des véhicules des particuliers, des structures publiques et privées, des cars Tata, des bus Dakar Dem Dikk et autres véhicules de transport en commun, offre un spectacle qui n'est pas beau à voir. Les embouteillages et la pollution atmosphérique et sonore, conjugués au désordre du commerce ambulant, des ateliers en tout genre (mécanique, ferraille, menuiserie, etc.) ont atteint des proportions qui ont terni l'image de la capitale sénégalaise, qui n'est plus la cible des touristes, pressés, dès leur descente à l'aéroport, d'aller à l'intérieur du pays. Dakar est citée parmi les capitales où la qualité de l'air est la plus mauvaise au monde.

Les véhicules des particuliers pourraient ne servir qu'aux longs trajets en cas de vacances ou d'urgence dans d'autres localités. Il faut impérativement que le partage des supports de transport soit promu, et que la rénovation des transports en commun soit l'instrument approprié qui pourrait être appuyé par l'adoption progressive des mécanismes *du coût marginal zéro* au Sénégal. En effet, en Occident, avec l'aide des supports numériques, des inventeurs confectionnent de plus en plus de mécanismes qui évitent par exemple que cinq voitures avec un seul passager fassent le même trajet alors qu'un seul véhicule pourrait transporter ces cinq personnes. Ce mécanisme génère des bénéfices importants sur les coûts du déplacement pour chacun, une baisse conséquente des dégagements de gaz à effet de serre et une réduction drastique des embouteillages. Dans une République organisée, le transport en commun est sous l'égide d'une régulation rigoureuse à propos des tarifs, du nombre d'opérateurs, des licences de taxi, etc. C'est vrai qu'en 2016, l'État du Sénégal a pris la mesure d'arrêter momentanément l'octroi des licences de taxis à Dakar, où elles ont atteint plusieurs dizaines de milliers pour une agglomération de 5 500 km² peuplée d'environ 3,5 millions d'habitants. À Paris, où la population atteint les 12 millions d'habitants, le nombre de licences de taxis était plafonné à 16 000 jusqu'en 2009, année durant laquelle le Président Sarkozy a décidé le passage progressif à 20 000 licences suivant l'évolution des infrastructures et des besoins de la ville. Tel est l'un des buts fondamentaux de la régulation, qui pondère des objectifs de soutenabilité, de respect des contraintes de capacités infrastructurelles, et qui est soucieuse du potentiel de réussite des détenteurs de licence. La ville de Dakar présente une image qui atteste de l'absence de toute démarche d'encadrement et de régulation des transports, situation ayant abouti à la circulation simultanée de plusieurs transporteurs.

Dans toutes les grandes villes du monde, ces contraintes urbaines ont promu l'existence d'un seul opérateur verticalement intégré. C'est le cas à Paris, avec la Régie autonome des transports parisiens (RATP), à Lyon, avec les Transports en commun lyonnais (TCL), ou à Grenoble, avec les Transports de l'agglomération grenobloise (TAG). Le transport est en fait une industrie de réseau à l'image de la distribution d'eau ou d'électricité, qui fonctionne souvent sous forme de monopole naturel du fait du gaspillage de ressources et de la non-soutenabilité que constitue la duplication des investissements. Dans le transport, Dakar est un exemple des conséquences néfastes de la multiplicité exagérée des entreprises de transport. Abdoulaye Wade avait même prévu dans les années 2000 le retrait des cars rapides et des *Ndiaga Ndiaye.* Il a dû buter sur les moyens faramineux que le remplacement de ces véhicules nécessitait, dès l'instant où il fallait trouver de l'emploi aux personnes qui en dépendent et permettre aux propriétaires d'avoir accès à des véhicules modernes. L'installation à Thiès de l'usine de montage de véhicules Senbus devait aider à cela (minibus nommés Tata). Mais son installation a généré la naissance d'autres transporteurs à Dakar, à travers l'Association pour le financement des transports urbains (AFTU). L'usine Sen Iran Auto s'est également installée à Thiès et elle a contribué à la multiplication des taxis à travers le programme des Taxis bleus et jaunes initié par Abdoulaye Wade en 2006. Le problème de la congestion de Dakar est resté entier. Sa résolution pose des problèmes sociaux et d'emploi devant lesquels l'État s'est ainsi montré désemparé, tout en laissant prospérer un laisser-faire-laisser-aller à travers lequel il a ainsi pratiqué bien des actes de clientélisme.

Les autres contraintes sont, en effet, suffisamment pesantes pour qu'il y ait une approche globale de résolution et d'ajustements réglementaires des services de transport dans tout le pays. Le positionnement de Dakar Dem Dikk comme réceptacle de ces nouvelles stratégies d'ajustement est possible. Déjà, la circulation des minibus Tata à Dakar et dans d'autres villes comme Thiès et Louga s'appuie sur le recrutement des anciens conducteurs de *Ndiaga Ndiaye* et de cars rapides, ce qui signifie que le processus de leur retrait s'est naturellement enclenché. À Dakar, comme dans les autres villes, la limitation des concessionnaires (deux au maximum) est possible et leur expansion via le soutien de l'État va progressivement permettre d'aspirer la main-d'œuvre au fur et à mesure de l'abandon des autres supports de transport explicatifs de l'engorgement à Dakar et de celui en gestation dans les autres villes. Le gouvernement du Sénégal a lancé en avril 2018 le grand projet Bus Rapid Transit (BRT) afin, dit-il, d'améliorer la mobilité urbaine dans les zones les plus densément peuplées de la région de Dakar et d'en faire un appui pour l'accès à l'emploi. Toutefois, il ne faut pas se précipiter puisque le projet requiert une sérieuse enquête de faisabilité, notamment sur la concrétisation de son itinéraire, qui risque de susciter de très importants déplacements d'habitations. Il ne faudrait surtout pas que cette tactique spéciale vienne aggraver la cacophonie qui règne dans le transport à Dakar.

L'autre aspect non moins important concerne le transport entre les différentes localités du pays. Les Sénégalais peuvent remarquer les multiples stations de pesage à l'essieu implantées tout au long des grands axes routiers. C'est une option normale, vu l'impact négatif qu'ont sur les routes les gros porteurs, qui doivent respecter les normes de poids afin de sauvegarder la qualité des infrastructures routières. Les camions maliens sont tout aussi responsables des dégradations constatées et sur lesquelles l'État doit veiller d'un œil ferme. La présence exagérée des gros porteurs et autres camions de transport de biens et autres produits dangereux est largement responsable de l'état de vétusté des principaux axes routiers, des congestions notées à l'entrée des grandes villes et des multiples accidents et autres problèmes de sécurité. L'accident mortel d'un camion de transport d'hydrocarbures ayant pris feu sur l'axe Louga–Saint-Louis en 2016 l'illustre bien. La formule des chemins de fer reliant le port de Dakar aux foyers d'exploitations minières dans la région de Thiès est à saluer. En 2007, l'État du Sénégal avait conclu un partenariat avec ArcelorMittal pour la construction d'un port minéralier, la rénovation de la ligne de chemin de fer Tambacounda–Dakar et la construction d'une ligne de chemin de fer d'environ 300 km à partir de la mine de la Falémé. Mais ce projet a été avorté sur fond d'un litige finalement tranché par le Tribunal arbitral de Paris, où le Sénégal n'a finalement obtenu qu'un dédommagement de 150 millions de dollars en 2014, malgré le grand préjudice occasionné et tout le temps perdu. La reprise de ce projet vaut largement mieux que le TER de 54 km reliant Dakar à l'aéroport Blaise Diagne et pour lequel l'État va finalement débloquer plus de 738 milliards de FCFA.

Dans tous les pays qui se respectent, le chemin de fer est un appoint indispensable au dispositif de transport des biens et des personnes. Le petit train bleu, qui est la seule liaison ferroviaire fonctionnelle dans l'intérieur du Sénégal à part les rares lignes destinées à l'industrie extractive, a beaucoup aidé les populations sénégalaises qui circulent entre Thiès, la banlieue dakaroise et le centre-ville de Dakar. Mais des problèmes de qualité et de respect des horaires, dus à des pannes récurrentes, découragent de plus en plus les usagers de cette ligne, qui a jusqu'à récemment beaucoup contribué à réduire le nombre de passagers qui empruntent les routes. La ligne Dakar–Bamako n'a finalement pas bénéficié d'un appui public adéquat et le concessionnaire a négocié son retrait du projet de renforcement convenu avec les deux États (Sénégal et Mali) en 2003. Cette ligne représente un enjeu de taille et doit catalyser beaucoup d'efforts dès lors que le Mali accueille plus de 20 % des exportations sénégalaises. Dans toutes les villes du Sénégal, les vestiges du chemin de fer sont visibles avec des gares maintenant délabrées ou usitées pour autre chose et des rails ensevelis par des habitations et autres types d'occupations anarchiques. Le grand regret est que les dirigeants sénégalais n'ont pas encore fait mieux que le colonisateur. L'axe ferroviaire Dakar–Bamako a été construit de 1885 à 1944. Ce réseau comporte des segments dont l'âge excède parfois les 70 ans et pour lesquels aucune opération de renouvellement n'a été réalisée depuis leur mise en exploitation.

La mise en place des dispositifs ferroviaires requiert de lourds investissements et des activités de maintenance rigoureuses ayant eu raison de la Société Nationale des Chemins de fer du Sénégal (SNCS), qui a été le monopole public concessionnaire de la gestion des réseaux ferrés et des transports ferroviaires du Sénégal au Mali jusque dans les années 2000. La réhabilitation concerne la quasi-totalité du réseau de Thiès à Bamako : Dakar–Thiès (70 km), Dakar–Tambacounda (457 km), Tambacounda–Toukoto (517 km) et Toukoto–Koulikoro (312 km). Le mauvais état général du réseau est accentué par la subsistance de points critiques, encore appelés « points noirs », particulièrement pénalisants pour la vitesse commerciale et la sécurité des transports. Il s'agit des voies de Tambacounda à Kidira (142 km), de Dakar à Guinguinéo (247 km), de Guinguinéo à Tambacounda (287 km) et de Goudiri à Kidira (12 km). À cela s'ajoutent les lignes disparues comme celle allant de Saint-Louis à Tivaouane via Louga, jusqu'à Linguère, ainsi que les nouvelles lignes qui devraient relier d'autres localités du pays. Tout ce réseau ferroviaire doit être réhabilité suivant un schéma architectural et topographique répondant aux exigences de la modernité et élargi aux nouveaux besoins des populations. Les enjeux infrastructurels, les potentielles retombées socio-économiques, les externalités positives sur les axes de transport routier et une plus grande facilité dans les transports de biens et de personnes qu'offre le chemin de fer font des transports en commun une urgence primordiale pour le Sénégal.

## 4. Une version bien améliorée du programme Promovilles

L'acte III de la décentralisation, malgré le tollé initial, n'a finalement pas donné de résolutions aux principaux questionnements qui interpellent l'État dans les profondeurs du pays. Le président de la République avait également entamé, dès 2012, des Conseils des ministres délocalisés dans les chefs-lieux de départements. Au bout des cinq premières années, pas moins de 5 000 milliards de FCFA ont été annoncés dans différents départements du pays, qui attendent toujours. Le PUDC est censé accélérer la cadence dans les zones reculées, mais il est de plus en plus considéré comme un instrument électoraliste qui vise à saupoudrer quelque chose dans toutes les localités où Macky Sall est passé faire des promesses avant 2012. L'aménagement du territoire est, quant à lui, toujours négligé. Il est confié à une agence dépendant d'un ministère et produisant des documents théoriques que l'autorité publique a toujours ignorés depuis 1960. Le gouvernement a aussi engagé une multitude de travaux pour une nouvelle ville à Diamniadio, avec la construction prévue d'un nouveau palais à 100 milliards de FCFA. Mais il faut avoir une vision qui dépasse Diamniadio et daigner aller développer les autres localités du pays. La zone du Cap-Vert (Dakar et environs) concentre depuis 2006 l'essentiel des projets d'infrastructures du Sénégal, consacrant davantage la macrocéphalie de Dakar, pourtant considérée comme une anomalie de taille dans la marche économique de la nation sénégalaise.

Près de 440 milliards de FCFA pour l'Agence nationale pour l'organisation de la conférence islamique (ANOCI) de 2006 à 2009, 386 milliards de FCFA pour l'autoroute à péage Dakar–Diamniadio en 2009, 80 milliards de FCFA pour le marché complémentaire de l'autoroute

(Diamniadio–aéroport international Blaise Diagne) en 2012, 29 milliards de FCFA pour le monument de la Renaissance africaine en 2010, 422 milliards de FCFA pour le nouvel aéroport AIBD entre 2007 et 2017, 738 milliards de FCFA annoncés pour un TER de 54 km entre Dakar l'AIBD à partir de 2016, 21 milliards de FCFA déboursés pour une cité de l'émergence à compter de 2015, environ 60 milliards de FCFA dépensés pour le Centre international de conférence Abdou Diouf à partir de 2015, 39 milliards de FCFA engagés pour la réfection du building administratif depuis 2015, 66 milliards de FCFA dépensés pour Dakar Aréna depuis 2015, 32 milliards de FCFA pour une arène nationale en 2016 et plus de 200 milliards de FCFA d'autres travaux engagés à Diamniadio, dont Dakar Expo Center, la gare des gros porteurs et un nouveau palais. Dakar a ainsi englouti près de 2 400 milliards de FCFA en 10 ans, soit bien plus que les 39 % de croissance économique nominale cumulés de 2009 à 2017. Le gouvernement a aussi annoncé le lancement en avril 2018 du projet Bus Rapid Transit, d'un coût estimé à 296 milliards de FCFA, afin d'assurer une meilleure accessibilité aux zones de résidence et de production. L'économie d'un pays ne peut pas marcher comme ça sans calcul économique adéquat, ni arbitrage, ni logique de répartition ou de priorités. Cette situation, hautement déplorable, appelle à dire avec fermeté : « Plus jamais ça ! ».

Cependant, Dakar étouffe de par le nombre exorbitant de personnes qui y vivent et y travaillent. Elle étouffe à cause de la pollution qui rend asthmatique plus d'une naissance sur deux. Elle étouffe par la recrudescence des embouteillages causés par des transports désorganisés qui poussent chaque Sénégalais à être propriétaire d'un véhicule (de moins en moins cher). Elle étouffe par le non-respect des plans d'urbanisme, l'indiscipline immobilière et la parcellisation sporadique et excessive avec des quartiers qui ne sont même plus accessibles pour les services de sécurité et de secours en cas d'urgence. Elle étouffe par l'absence d'espaces verts, de jardins publics et de réserves foncières d'aération. Elle étouffe par l'exercice d'activités bruyantes telles que la menuiserie et la mécanique, qui auraient dues être délocalisées depuis les années 1990. Elle étouffe par l'anarchie commerciale entretenant une débandade de commerces ambulants et de ventes à la sauvette. Elle étouffe par la carence des réseaux d'assainissement, des services de salubrité et l'absence d'espaces provisoires de stockage. Elle n'offre pas de cadre adéquat pour les jeunes, qui y manquent de plus en plus d'espaces d'épanouissement, sans oublier que les rares terrains de sport disponibles sont en train d'être bradés un à un par les municipalités. Ces maux, non exhaustivement listés, sont de plus en plus partagés par des villes comme Ziguinchor, Thiès, Kaolack, Touba, Louga, Mbour et Saint-Louis, où l'anarchie a atteint son comble avec la circulation incontrôlée des motos Jakarta, responsables de plusieurs dangers et accidents mortels. Le transport à bord de ces motos est impossible et risqué, et il ne génère que de maigres revenus qui ne rémunèrent pas les risques encourus sur l'intégrité physique et par la respiration des gaz toxiques de la circulation. Il s'agit souvent d'activités appauvrissantes sans protection sociale, sans perspectives de retraite et qui gaspillent autant de forces juvéniles. La situation est similaire pour les vendeurs ambulants et autres vendeurs à la sauvette sur les routes et autres coins de rue, dont les maigres marges sont de plus en plus anéanties par le *dumping* des produits chinois. Ces jeunes ambulants ont finalement des effets néfastes sur l'économie, vu la quantité effarante de produits importés qu'ils se chargent d'écouler sur toute l'étendue du pays. C'est l'incapacité de créer des emplois décents et d'assumer sa véritable responsabilité vis-à-vis des jeunes qui pousse le gouvernement à fermer les yeux sur cette situation calamiteuse. À observer l'incurie du gouvernement sénégalais vis-à-vis de cette situation, l'on peut se poser la question de savoir l'intérêt d'avoir une jeunesse aussi fournie dans nos pays : est-ce un fardeau ou un atout à manier pour valoriser le dividende démographique ? Le gouvernement du Sénégal se refuse d'endosser courageusement cette responsabilité de mettre enfin la jeunesse sénégalaise au travail.

Cette jeunesse n'a finalement pas pris le relai pour la perpétuation de la pratique agricole en milieu rural. Le retard de l'agriculture sénégalaise s'explique en bonne partie par l'aggravation de l'exode rural à partir des années 1980. On se plaignait déjà de la carence de l'appui de l'État sénégalais au secteur agricole quand la libéralisation est venue donner des coups de fouet supplémentaires avec la privatisation de la Sonacos en 2004. L'agriculture ne fait plus rêver et le défaut d'électrification ainsi que l'absence d'infrastructures structurantes dans les zones rurales sont aggravés par une forme d'occupation irrationnelle avec l'existence d'une multitude de villages de moins de dix habitations qu'il est impossible pour l'État de couvrir en termes de services sociaux de base. Il faut donc jouer la carte des villes émergentes par le développement des infrastructures, l'électrification et l'accès aux nouvelles technologies en tant que supports d'activités créatrices de revenus. La communalisation universelle doit donc être un cadre d'accompagnement de l'évolution urbaine d'un certain nombre de villes émergentes que l'État doit davantage appuyer pour maintenir les jeunes dans ces zones et reconstituer la main-d'œuvre agricole. Le premier geste est d'abord d'aider les communes sur le plan budgétaire, l'acte III de la décentralisation n'ayant pas encore été convaincant sur cet aspect. Or, une réelle volonté d'optimisation des fonds publics et d'équilibrage vis-à-vis de la macrocéphalie de Dakar devrait permettre de faire passer la quote-part sur la TVA de 3,5 % actuellement, à plus de 15 %.

Idrissa Seck a récemment proposé des investissements de 100 milliards de FCFA par région, dont 50 milliards de FCFA pour les infrastructures et 50 milliards de FCFA pour l'entrepreneuriat des jeunes et des femmes. Cela n'est pas mauvais en soi, mais peut faire l'objet d'une approche mieux élaborée. Chaque localité du Sénégal doit évoluer avec ses atouts physiques et humains en réussissant d'abord le grand défi du bon choix des dirigeants locaux. Dans la plupart des localités du pays, les élections locales aboutissent souvent à la promotion de politiciens véreux qui n'ont aucune conscience des enjeux. Pour ainsi dire, le management du développement local doit fonctionner sous forme de grappes dans lesquelles sont coordonnés tous les projets d'origine locale et dont la pertinence et la rationalité dépendent de la qualité des compétences locales. Ces projets peuvent bien s'insérer dans les Programmes triennaux d'investissement publics (PTIP) suivant une version bien améliorée et mieux aboutie de l'acte III de la décentralisation. Cet acte III est un choix pertinent qui souffre de vices de méthode. Il doit être repris notamment sur les aspects concernant la détermination des pôles territoriaux de développement. Après avoir départementalisé en supprimant les régions, il est crucial de spécialiser les départements en pôles de développement suivant leurs spécificités et leurs atouts économiques. Cette approche des pôles intégrés fait partie des stratégies en cours d'étude au niveau de l'Agence nationale d'aménagement du territoire (ANAT). La zone industrielle et artisanale (ZIAR) de Touba est positionnée en phase expérimentale autour de la matière première que constitue le cuir.

En attendant l'invention d'une meilleure formule pour venir définitivement à bout de ces multiples problèmes des villes sénégalaises, il importe de jeter un œil attentif sur les stratégies actuelles en cours. Le gouvernement a pris plusieurs mesures et lancé plusieurs projets pertinents, mais ces projets se limitent à Dakar et à son agglomération. Le programme Promovilles initié par le régime actuel est un outil pertinent, vu les urgences socio-économiques à intégrer dans ses compétences et qui interpellent toutes les villes du pays. C'est un programme un peu marginalisé dans les activités du gouvernement, mais qui peut être un cadre approprié de rattrapage au niveau local vis-à-vis de la macrocéphalie de Dakar. Le PACASEN (Programme d'appui aux communes et agglomérations du Sénégal) est un projet supplémentaire lancé en juillet 2018 et qui vise à mobiliser 223 millions d'euros (136 milliards de FCFA), dont 80 millions d'euros prêtés par l'AFD, 93 millions d'euros prêtés par la Banque mondiale et 50 millions d'euros de l'État sénégalais. Le Promovilles et le PACASEN sont deux programmes dont il faut envisager la fusion afin de constituer un outil stratégique pour s'occuper résolument des maux profonds en termes d'aménagement, d'urbanisme, de transport, d'assainissement, de salubrité et d'environnement dont souffrent Dakar et toutes les autres villes du Sénégal. Par exemple, en parcourant la ville de Thiès, de Touba ou de Mbour, qui sont en proie à des embouteillages récurrents de plus en plus monstrueux, on peut localiser des axes où il faut inéluctablement mettre des échangeurs, des ponts et des passerelles.

Devant une telle perspective, le pôle urbain de Diamniadio est par ailleurs un cas spécifique qui permet de saisir les enjeux environnementaux qui interpellent en même temps les localités riveraines telles que Sébikotane, Bargny et Rufisque. L'ancien ministre conseiller Alioune

Badara Seck[20] appelle à une démarche d'intelligence économique territoriale qui puisse préserver les territoires sénégalais de la prédation économique, de la toxicité découlant des activités industrielles et des impacts socio-économiques négatifs inhérents à ces activités polluantes. À l'image de la France, où 40 % de déchets sont recyclés, Diamniadio doit être une phase pilote où l'État doit se fixer un minimum de 30 % de recyclage des déchets à imiter dans toutes les autres localités du pays. En tout état de cause, la voirie urbaine, la salubrité publique, l'assainissement, la préservation de l'environnement, les espaces verts et les infrastructures sportives couvrant toutes les disciplines sont des urgences de premier plan dans toutes les villes sénégalaises. Les enjeux sanitaires sont multiples à ce niveau. Les approches préventives doivent primer sur celles curatives, moyennant des campagnes de conscientisation et de sensibilisation sur le respect des équilibres corporels et environnementaux.

Dans chaque localité, l'appel à la formalisation de l'informel doit aussi être accompagné d'un appui infrastructurel sur le plan commercial et artisanal. L'objectif inaliénable d'incitation à l'entrepreneuriat et d'appui à la production locale doit être accompagné d'un substantiel soutien financier supervisé, sous forme de garanties et de prêts sans intérêts. Pour cela, il faudra réellement tripler ou quadrupler les fonds alloués au programme Promovilles en renforçant ses prérogatives institutionnelles et administratives suivant une approche interministérielle pilotée par la Primature. Déjà, la mobilisation effective des 280 milliards de FCFA annoncés par le président de la République lors du lancement de Promovilles en juillet 2016, dont 75 milliards de FCFA

[20] Le lien de son article : https://www.dakaractu.com/De-l-intelligence-economique-territoriale-autour-du-Pole-Urbain-de-Diamniadio_a150832.html

attendus de la Banque Africaine de Développement, pourra permettre de régler bien des problèmes. L'État du Sénégal peut éviter le recours à l'endettement en respectant la philosophie de l'acte III de la décentralisation, en révisant le Code minier dans le sens d'améliorer substantiellement les contributions des industries minières et extractives auprès des municipalités et en développant une véritable approche de mise à contribution des entreprises de chaque localité dans le cadre de leurs responsabilités sociales (RSE).

Il est utile, avant de boucler cette section, d'émettre un avis sur le PUDC qui fait figure, quant à lui, d'une redondance administrative, d'un doublon programmatique et d'un véritable mécanisme de dilapidation des fonds publics sous tous ses aspects concernant les pistes routières. Le Sénégal a intérêt à avancer sûrement, solidement et qualitativement, fût-ce à petits pas. Mais la plupart des pistes à base de latérite implantées à coup de milliards de francs CFA dans les zones rurales s'envolent petit à petit et devraient être totalement reprises quand il sera décidé de mettre des couches de bitume. La piste de latérite reliant Keur Madialé et Pété Ouarack, de même que celle qui va de Keur Ngounta à Ourack, dans le département de Louga, sont des exemples patents. Pour un pays exploitant du basalte, du quartzite, des carrières de toutes sortes de pierres, et où le raffinage du pétrole permet d'avoir du bitume en bonne quantité, il y avait meilleure méthode à adopter pour construire des routes solides et pérennes que cette mascarade électoraliste qui est mise en branle dans le cadre du PUDC.

## 5. Une zone économique spéciale pour l'élevage et les productions animales

La zone économique spéciale de Diamniadio est certes un projet important, mais elle est en même temps associée à une logique d'urbanisation. La cohabitation des logiques purement économiques et d'urbanisation pose des problèmes de faisabilité – surtout environnementale – qui ne sont tout de même pas insurmontables. Le Maroc est un exemple à suivre sur ce plan, puisqu'après avoir érigé depuis longtemps sa capitale administrative qu'est Rabat, il a implanté des zones économiques spéciales autour de la capitale économique, Casablanca, et dans toutes ses agglomérations de l'intérieur du pays. Les retombées de cette stratégie sont actuellement bien perceptibles en termes de dynamisme économique, d'industrialisation et d'exportations. La vision du développement économique du Sénégal doit donc dépasser Diamniadio. L'Agence nationale d'aménagement du territoire (ANAT) est en train de confectionner un plan national d'aménagement et de développement territorial (PNADT) contenant une approche novatrice de polarisation économique autour des atouts de chaque localité. Il a déjà été relaté que la Zone industrielle et artisanale (ZIAR) de Touba est un exemple de pôle structuré autour de l'exploitation des peaux et du cuir. De même que la région Sud est positionnée en pôle à vocation agro-industrielle, forestière et d'exploitation du bois. Les indispensables mutations agricoles en cours doivent progressivement aboutir à la concrétisation de ces vœux. Mais une observation attentive de l'échiquier économique national montre que l'élevage est un parent pauvre des stratégies de l'État alors que les potentialités sont colossales, surtout dans la région de Louga.

Les Sénégalais sont de grands consommateurs de productions animales, notamment le lait et ses produits dérivés, la volaille et la viande rouge. Les fêtes religieuses telles que la Korité (*Aid al fitr*), la Tabaski (*Aid al kabir*), le Maouloud, le Magal de Touba, les fêtes de fin d'année et les multiples autres cérémonies religieuses, culturelles et familiales, sont autant d'occasions lors desquelles les Sénégalais consomment une quantité incalculable de produits animaux. Avec une production de viande qui a atteint plus de 250 000 tonnes en 2017, le Sénégal couvre 92 % de ses besoins internes, ce qui nécessite environ 21 000 tonnes d'importations chaque année, selon les chiffres du ministère de l'Élevage. En plus des importations surtout en bovins et volailles, une bonne partie des 750 000 moutons nécessaires pour la Tabaski est importée des autres pays de la sous-région comme le Mali, le Niger, et surtout, la Mauritanie. Les acteurs du secteur et tous les observateurs avertis considèrent que le Sénégal peut être autosuffisant sur les productions animales et se positionner en exportateur net de ces produits. Les théories de la spécialisation retiennent quatre critères : le coût relatif de production (avantage comparatif), les dotations en facteurs de production, le progrès technique, la différenciation des produits et les rendements d'échelle. Sur l'ensemble de ces critères, le Sénégal dispose d'atouts inégalables en termes d'espaces utilisables, d'adoption des nouveaux procédés et de potentiels fourragers exploitables durant la saison des pluies. En termes techniques, outre la révolution numérique en valorisation dans tout le secteur agricole, le Sénégal n'est pas en reste dans le champ des innovations techniques d'accompagnement des agriculteurs. Par exemple, en juin 2018, une technologie de relai mobile connecté permettant la communication dans les zones dites blanches (ne disposant pas de couverture téléphonique) a été expérimentée avec succès dans le Ferlo (Louga, Matam, Saint-Louis). Cette technologie, bien améliorée en autonomie d'énergie, a été élaborée par une équipe de chercheurs de l'École supérieure polytechnique de Dakar (ESP). Les éleveurs en ont exprimé leur satisfaction en termes d'amélioration dans la collecte du lait et sa commercialisation.

Aussi bien pour le secteur agricole en entier que pour le sous-secteur de l'élevage, il faut en outre reprendre les stratégies de réhabilitation des vallées fossiles et d'exploitation des eaux pluviales. Cheikh Anta Diop l'a évoqué dans son ouvrage sur les fondements d'un État fédéral d'Afrique noire (1960). Il a souligné que l'érection de barrages d'irrigation sur les fleuves permet, outre la culture du riz et du coton, celle de plantes fourragères et la création de prairies artificielles pour le bétail, dont, réciproquement, les excréments constituent un engrais complet contenant les trois éléments minéraux dont se nourrissent les plantes et dont le sol s'appauvrit constamment. Relativement à ces immenses potentialités, de multiples projets avicoles et d'élevages bovins et caprins de grande envergure peuvent pulluler dans le pays avec des échelles de production assez suffisantes pour amoindrir les coûts moyens. À l'image de ce qui se fait en Occident durant Noël et d'autres évènements annuels, des dizaines de milliers d'emplois saisonniers peuvent être créés au Sénégal à travers des opérations régulières d'élevage ayant comme débouchés les immenses besoins de produits animaux à l'occasion des grandes fêtes et autres cérémonies. D'autres dizaines de milliers d'emplois peuvent être générés sur toute la chaîne de valeur des activités d'élevage jusqu'aux activités d'exploitation, notamment le lait stérilisé et le lait en poudre, que le Sénégal importe à hauteur de 25 000 tonnes chaque année.

Le Sénégal est une terre d'élevage, et il est rare d'entrer dans un foyer sénégalais sans enclos ou poulailler de fortune. Ces activités d'élevage domestiques ont souvent permis aux familles de supporter les imprévus et de limiter les dépenses lors des grandes fêtes. Cet élevage domestique est de plus en plus mis à mal par les épidémies, les multiples cas de vol et l'insécurité que constitue maintenant la détention de bétail chez soi. Et même au niveau des zones d'élevage, comme au Fouta ou à Dahra Djoloff, le vol de bétail est devenu un fléau ayant découragé les acteurs du secteur et générant des coûts de plus en plus importants liés à la surveillance et à la sécurisation. L'élevage est une activité à laisser prospérer dans chaque zone à la limite des possibilités. Mais, à l'image de la démarche adoptée pour Diamniadio, la région de Louga a une vocation agro-sylvo-pastorale reconnue, où il existe tous les atouts requis pour implanter une zone spéciale dédiée à l'élevage, avec tous les services inhérents à ce processus, tels que la présence des forces de sécurité, les infrastructures (pistes et conservation), les habitations et la promotion d'unités d'exploitation industrielle. La réhabilitation du site du ranch de Dolly est une option pertinente qu'il faut prendre au sérieux à cet effet, au fur et à mesure que les problèmes fonciers sont de plus en plus résolus. Un rapport a été élaboré en 2016 sur cette question foncière par une commission pilotée par le professeur Moustapha Sourang.

L'État du Sénégal a déjà promulgué en avril 2004 une loi d'orientation agro-sylvo-pastorale (LOASP) dans le but de renforcer la compétitivité de l'agriculture, d'améliorer la sécurité alimentaire, de donner un véritable statut aux agriculteurs, de faciliter leurs investissements et de sécuriser leurs revenus. Cette loi couvre la période 2004-2024 et sa rigoureuse mise en vigueur devrait insuffler un nouvel élan dans le développement de toutes les filières du secteur primaire. Sur l'élevage, cette nouvelle volonté d'accompagnement du secteur, encore affirmée dans le PSE en 2014, devrait pouvoir s'exprimer par cette formule de la zone économique spéciale qui aura également vocation à limiter les obstacles liés à la cohabitation avec les cultivateurs. Le défi est aussi de promouvoir une dynamique productive d'envergure qui, au-delà de l'autosuffisance en la matière, doit viser les marchés internationaux. La perspective des Accords de partenariat économique (APE) impose de faire de la compétitivité internationale une sérieuse préoccupation. Il faut donc une véritable dynamique de production de masse susceptible de générer suffisamment de rendements d'échelle, qui sont l'unique gage de maîtrise des coûts dans le sens de pouvoir concurrencer aisément les produits animaux venant de l'étranger. Les multiples fonds publics (Fonds de garantie des investissements prioritaires, Fonds souverain d'investissements stratégiques, Délégation à l'entrepreneuriat rapide, etc.)[21] et la kyrielle de projets lancés par l'État dans le cadre du PSE – tels que le projet d'appui à la modernisation des filières animales et le projet d'appui au développement de la filière laitière – devraient faciliter l'accès aux financements pour les porteurs de projets d'élevage qui auront l'avantage de pouvoir accéder à des sites viabilisés et aménagés exclusivement pour l'élevage.

## 6. LE CHANTIER DE L'AUTONOMIE MONÉTAIRE

La monnaie est l'un des principaux instruments stratégiques de la politique économique d'un pays. Le sens de sa véritable utilité a varié tout au long de l'histoire. Chez les classiques, comme Adam Smith (1776) et David Ricardo (1817), elle est juste un instrument d'échange, un simple voile qui habille les transactions et qui a donc une posture neutre vis-à-vis des ressorts de

[21] FONGIP : Fonds de garantie des investissements prioritaires ; DER : Direction de l'entrepreneuriat rapide, qui compte déjà mobiliser 30 milliards de FCFA en premier jet.

l'économie. Certains des néoclassiques, comme Robert Solow (1956), ont pourtant remis en cause cette neutralité par le simple fait que la monnaie est un outil de productivité qui peut être intégré dans les fonctions de production. Cette non-neutralité de la monnaie est également bien défendue dans la pensée keynésienne. Mais ces travaux néoclassiques et keynésiens ne dissipent pas pour autant les effets de neutralité explicités par l'équation quantitative des classiques, qui postulent que la détermination de la quantité de monnaie est un enjeu crucial puisqu'il détermine le niveau d'inflation et la valeur d'une monnaie. Celle-ci ne repose que sur les effets d'abondance et de pénurie explicités par son offre et sa demande. Ainsi, une chute de la valeur du dollar est le résultat d'une offre de monnaie de la Réserve fédérale qui dépasse la demande de dollars sur le plan international. L'analyse se complique dans ce cadre international où la seule norme qui vaille est que chaque pays détenteur d'une monnaie doit disposer d'autant de devises étrangères que ses besoins d'achat de biens étrangers pour gérer son équilibre. Il est alors question du niveau de couverture des importations par les exportations. En Chine et dans les autres pays émergents, la stabilité économique et monétaire repose sur une grande propension à exporter, basée sur une dynamique de production locale de plus en plus performante.

Cette mise au point théorique permet de saisir qu'il n'y a aucune complication pour un pays ou un groupe de pays à tenir un système monétaire autonome. Le fait de vouloir mordicus maintenir le système franc CFA relève d'intentions inavouées, de paresse intellectuelle et d'aversion chronique pour le changement. Souvent, les défenseurs du franc CFA ont tendance à dévier le débat sur les questions d'inflation et de stabilité et non sur la problématique essentielle de la production locale et des échanges commerciaux introvertis. Il faudrait d'ailleurs revenir sur la signification de la notion de stabilité, parce qu'une autre perception de ce concept témoigne plutôt d'une instabilité et d'une fragilité économiques évidentes et flagrantes dans les pays de la Zone franc. Après avoir reconnu que la politique monétaire est un pan prépondérant de la politique économique, on doit à la logique de reconnaître les tares inhibitrices de la dépendance monétaire. C'est une question de bon sens. Le franc CFA a une parité fixe vis-à-vis de l'euro via un système de garantie pilotée par la Banque de France, mobilisant la moitié des réserves de change de toute la zone. Il faut donc y laisser une majeure partie de ses réserves de change tout en étant soumis aux autres aléas de la fluctuation de l'euro vis-à-vis des autres monnaies comme le dollar, qui est la monnaie de facturation de l'essentiel des échanges internationaux. Si l'euro avait cette posture dominante de monnaie de facturation internationale, ce serait excellent pour la Zone franc, mais tel n'est pas le cas et la guerre des monnaies a finalement eu lieu. Les Chinois s'activent pour imposer leur monnaie et les pays émergents luttent âprement pour élargir leurs marges de manœuvre monétaires. La situation aurait également été meilleure si les échanges entre pays de la Zone franc étaient significatifs. Ces échanges commerciaux sont de 12 % dans l'Union Économique et Monétaire Ouest-Africaine (UEMOA) et peinent à franchir la barre des 2 % dans la Communauté Économique et Monétaire d'Afrique Centrale (CEMAC). En même temps, les échanges entre la Zone franc et les BRICS (Brésil, Russie, Inde, Chine et Afrique du Sud) ont été multipliés par 8, passant de 2,6 milliards de dollars en 2002 à près de 21 milliards de dollars en 2015.

À part cela, les fluctuations de l'euro face au dollar sont le principal facteur explicatif de la volatilité des exportations, de la facture des importations et des recettes publiques au niveau de la Zone franc. La dette étant fortement *dollarisée*, l'euro faible aggrave le service de la dette et la facture des importations qui composent largement les consommations dans la Zone franc, et plus cruellement, dans la zone CEMAC. Parallèlement, l'euro fort signifie que les autres monnaies telles que le dollar et le yuan chinois sont faibles, ce qui limite les exportations de la Zone franc. En tout état de cause, les intellectuels africains ont le droit de s'interroger sur la performance d'une telle configuration monétaire devant l'aggravation des problèmes socio-économiques des pays concernés. Il s'agit finalement d'un débat de générations dès lors que l'évaluation ne pouvait être faite par les économistes des années 1960, 1970 et 1980 du fait du nombre limité d'années d'observation. Pour d'autres intellectuels africains, il s'agit plutôt d'éviter de prendre le risque de finir à l'écart, comme Cheikh Anta Diop. Il est vrai que durant cette époque passée, la démocratie africaine et la liberté de parole sur ces questions sensibles étaient malmenées avec le support des forces coloniales résiduelles. Mais aujourd'hui, la parole est plus libre, les peuples se conscientisent et le sujet est de plus en plus débattu.

Selon Serigne Cheikh Ahmad Tidiane Sy Al Maktoum : « À chaque jeunesse sa responsabilité, soit elle l'assume, soit elle la fuit. L'histoire nous jugera ». Cette question est donc une responsabilité de la jeunesse contemporaine, qui subira les conséquences de cette dépendance monétaire justificative des stagnations économiques actuelles. En cette année 2018, deux leaders politiques sénégalais ont déjà émis des avis argumentés différents. Il s'agit d'Ousmane Sonko, qui considère que la dépendance monétaire est une anomalie de taille qu'il faut urgemment corriger, et de Idrissa Seck, qui penche plutôt vers un maintien réformé du système franc CFA. Il ne faudrait tout de même pas commettre l'abus de la pensée unique. Les arguments des pro-CFA doivent être rigoureusement pris en compte et ils pourraient même constituer des éléments d'appui pour mieux théoriser les approches alternatives.

L'ancien ministre français et ex-directeur du FMI, Dominique Strauss-Kahn, a fait une sortie en avril 2018 pour donner un point de vue révélateur sur la situation du franc CFA. Il a affirmé que par la détention de réserves africaines, Paris assume tout seul un risque financier non rémunéré. Il importe alors de poser cette question : de quel risque financier parle-t-il concernant des réserves destinées à gérer la stabilité de la fixité de la parité ? Il a plutôt été révélé que les pays de la Zone franc paient effectivement un intérêt pour emprunter sur ces réserves de change. L'ancien ministre avoue que l'avantage tiré de la parité fixe franc CFA-euro s'étend aux autres pays de la Zone euro et il cite le caractère insignifiant de l'intégration monétaire comme étant un facteur important qui limite les potentiels bienfaits du franc CFA. Face à ces carences, Strauss-Kahn propose : « l'ancrage à un panier de monnaies plutôt qu'à l'euro seul, une meilleure coordination économique des économies de la région et un processus d'élargissement de l'UEMOA, notamment au Ghana, un pays exclusivement entouré de pays membres de la Zone franc ». Les pays membres de l'UEMOA peuvent trouver dans cette proposition davantage d'arguments qui les confortent dans le processus enclenché de constitution d'une grande union économique et monétaire commercialement intégrée dans le cadre de la CEDEAO. Une telle union pourrait effectivement baser sa politique monétaire sur un panier de monnaies étrangères.

Les péripéties enregistrées jusqu'ici montrent que le processus ne sera pas facile malgré les efforts actuels et incessants des présidents Nana Akufo-Addo du Ghana, Alpha Condé de la Guinée, et Roch Marc Christian Kaboré du Burkina Faso, qui ont démarché un nouveau rendez-vous pour une monnaie CEDEAO en 2020. Toutefois, la monnaie unique doit être considérée comme le parachèvement d'une monnaie commune au préalable, c'est-à-dire d'un instrument de règlement interne. Dans son ouvrage, *Un destin pour l'Afrique* (2005), l'ancien Président sénégalais Abdoulaye Wade a proposé la création préalable d'un Fonds africain de réserves extérieures (FAR) qui pourrait d'abord fonctionner avec des droits de tirage régionaux (DTR) à l'image des droits de tirage spéciaux (DTS) du FMI. Selon Wade, ce FAR aurait pu permettre de financer l'essentiel des projets qui étaient retenus dans le NEPAD (New Partnership for African Development). La boîte à idées est ainsi ouverte et l'année 2020 doit être celle de l'enclenchement des mécanismes. La France va se débattre âprement, tant sa fermeté est absolue s'il s'agit de défendre un système qui satisfait ses intérêts. Le vœu de sauvegarde de ces mêmes intérêts fonde les avis susmentionnés de l'ancien ministre français, Dominique Strauss-Kahn, et/ou encore la récente déclaration du ministre français Bruno Le Maire selon laquelle : « le franc CFA garantit à tous ses États membres la stabilité ». Sur ce combat panafricain, le Président Macky Sall a écorné le leadership sénégalais que le Président Abdoulaye Wade avait bien réussi à raffermir dans la période 2000-2012. Cette situation illustre à merveille l'absence d'une fibre panafricaine dans son Plan Sénégal Émergent (PSE) et sa ferme détermination à aider la France à sauvegarder et renforcer ses intérêts au Sénégal. Mais la volonté de changement est en train de prendre le dessus, avec les courageuses prises de position des intellectuels et leaders politiques africains.

Les arguments consistant à citer les difficultés monétaires des pays ayant leurs propres monnaies, comme le Ghana, le Nigéria ou la Guinée, ne résistent pas à l'analyse. Il s'agit de pays singletons qui exercent une gestion monétaire solitaire sans bénéficier des effets d'envergure potentiels d'une monnaie à l'échelle de la CEDEAO. En cas d'autonomie monétaire d'envergure sous-régionale, c'est l'expérience collective glanée sur la gestion passée du franc CFA, du cedi ghanéen, du naïra nigérian, du dalasi gambien et autres, qui sera à l'œuvre. Déjà, les actions de l'Agence Monétaire de l'Afrique de l'Ouest (AMAO), créée en 1996 par suite de la transformation de la Chambre de Compensation de l'Afrique de l'Ouest (CCAO), ont convaincu et émis des certitudes sur la faisabilité technique et opérationnelle de l'autonomie monétaire en Afrique de l'Ouest. Ces expériences sont suffisantes pour tenter l'aventure en acceptant les difficultés et les temps d'apprentissage des phases de départ. L'arrêt de l'évaporation des réserves de change pour la garantie française et l'augmentation des marges de manœuvre sur la politique monétaire que permettra l'autonomie vont effectivement induire une bonne dynamique de croissance économique, certes génératrice d'une inflation, que l'augmentation du pouvoir d'achat au niveau interne pourra efficacement permettre d'anéantir. La seule hypothèse est donc de parvenir à renforcer la production locale et à accélérer l'intégration commerciale dans la zone.

# CONCLUSION

> « *Rien n'est plus important que le sens prêté aux mots ; rien ne vaut la parole donnée ; rien ne l'emporte sur le respect dû au savoir et à ceux qui le portent.* »
>
> Confucius, -570 ans av. J.-C.

Les avis donnés dans cet ouvrage sont juste une contribution sans prétention aucune au monopole de la pertinence. Loin de là. Certains d'entre eux peuvent évidemment être supplantés par des avis alternatifs mieux argumentés. Pour ainsi dire, au Sénégal, tout est prioritaire. Mais cette réflexion se veut être un guide susceptible d'être un repère, une source d'inspiration pour non seulement aider le régime actuel à bien améliorer son PSE, mais également pour servir de boussole pouvant guider les candidats potentiels à la présidence du Sénégal dans leurs choix programmatiques. Le débat d'idées doit dorénavant être résolument préféré aux invectives, aux querelles politiciennes et aux monologues parallèles auxquels on a l'habitude d'assister dans le paysage politique sénégalais. Les échanges d'idées sont un préalable indispensable pour éviter les pratiques cavalières et non inclusives qui ont été à la base des options stratégiques du PSE. Quoi qu'on puisse dire, il faut reconnaître que la confection du PSE n'a pas mobilisé une masse critique de l'éminence grise dont regorge le Sénégal. La démocratie est certes considérée à tort comme une dictature de la majorité, mais les reprises et les recommencements ont été si incapacitants qu'il faut dorénavant mettre en avant une démarche beaucoup plus inclusive vis-à-vis de la société civile, de l'opposition et des forces de sécurité et de défense, qui sont maintenant des électeurs. Le risque presque certain est que l'opposition sénégalaise se donnera l'entière liberté de changer de paradigme et de plan quand elle va arriver au pouvoir en 2019, ou après. Le ton a été donné avec les vigoureuses critiques portées sur le PSE par les leaders de partis Idrissa Seck, Moustapha Guirassy, Ousmane Sonko et Malick Gackou. Ce dernier a mis sur pied le *Plan Alternatif Suxali Sénégal* (PASS) avec des propositions courageuses sur l'indemnisation du chômage et la retraite. Ousmane Sonko a publié en septembre 2018 un livre programme intitulé *« Solutions »* dans lequel il a formulé un bon nombre de propositions révolutionnaires pour une économie sénégalaise mieux introvertie.

Il est impossible de ficeler un programme définitif avant d'arriver au pouvoir et de procéder à l'évaluation et au bilan effectif des programmes adoptés au moins pour les dix dernières années. Les documents que vont générer les candidats à la présidentielle ne peuvent donc être qu'à l'état brut et indicatif. On peut déjà le remarquer avec les promesses de réformes et d'une *République en Marche* du Président français Emmanuel Macron, qui ont abouti aux blocages actuels sur les réformes qu'il avait prévues. Dès 2012, le Président Macky Sall a, lui aussi, très vite revu sa copie sur son programme Yonou Yokuté, qui a abouti au PSE en 2014. On peut tout déclarer et promettre dans une campagne électorale, mais les réalités du pouvoir imposent toujours de profonds réajustements programmatiques. Il ne sera pas facile de démolir les solides racines du mal économique et social du Sénégal, à savoir les fusionnelles interférences de la politique politicienne dans la marche de l'administration et de l'économie, les séculaires problèmes de mentalité ainsi que la capture de l'économie sénégalaise dans les intérêts étrangers. Ces maux sont unanimement reconnus et ils doivent catalyser l'essentiel des efforts de programmation économique et sociale. Il n'est cependant pas question de remettre en cause les acquis en termes d'investissements étrangers ni de nier les potentiels effets positifs de la coopération internationale qu'il faut quand même remodeler dans le sens de la préservation des intérêts socio-économiques du Sénégal. Un pays qui coopère depuis près de quarante ans avec des partenaires étrangers sans résultats conséquents doit se donner le droit de réclamer un changement de paradigmes d'actions. La Côte d'Ivoire s'est maintenant logée dans une dynamique de préférence nationale qui a bien impacté les taux de croissance avoisinant les 10 % qu'elle a obtenus ces dernières années. Dans la filière avicole, le gouvernement ivoirien a courageusement adopté des barrières douanières qui ont fait passer le prix du poulet importé de 1 200 FCFA en 2005 à 2 200 FCFA en 2017. Le poulet ivoirien était plus cher que celui importé, mais il a été maintenu à 1 600 FCFA en 2017.

Il faut cependant éviter d'être nihiliste et reconnaître que le régime actuellement en place a fait quelques bonnes réalisations, même s'il peine à les communiquer efficacement. Les problèmes d'électricité ont été essentiellement évacués. Les sphères ministérielles de Diamniadio constituent une action salutaire qui a été financée à hauteur de 56 milliards de FCFA, dont 30 milliards d'emprunts bien solvables si l'on tient compte des 8 milliards de FCFA mensuels d'économies budgétaires attendues de l'abandon des locations. Le seul aspect regrettable de ce projet est qu'il intervient en même temps que la réfection du building administratif, à hauteur de 39 milliards de FCFA. Le gouvernement a aussi lancé de bons instruments d'actions comme le PUDC, actuellement dévoyé par une démarche électoraliste, ou le programme

Promovilles, qui souffre de problèmes de stratégies et d'injections effectives de fonds suffisants. Le programme des Domaines agricoles communautaires (PRODAC) est également un instrument en phase avec l'accélération agricole planifiée dans le PRACAS, mais il a été faussé par un amateurisme doublé d'une trop forte politisation. Les multiples autres programmes lancés, tels que le programme d'urgence de modernisation des axes et territoires frontaliers (PUMA), les bourses de sécurité familiale et la Couverture Maladie Universelle (CMU) revêtent à la fois un inconvénient et un avantage. Ils sont un avantage en ce sens qu'ils offrent un soulagement aux populations bénéficiaires, tant les souffrances sont intenables dans certaines couches défavorisées des populations. L'inconvénient est cependant qu'ils suscitent non seulement un éparpillement financier et administratif, mais il s'agit de mécanismes d'assistance qui ne sont pas soutenables devant la maigreur de la croissance économique. Le bilan est ainsi globalement mitigé, car l'économie sénégalaise reste plus que jamais extravertie, dominée par des intérêts étrangers, avec une croissance économique restée molle par rapport à tous les moyens mobilisés. Après avoir injecté près de 6 000 milliards de FCFA à compter de 2014 dans le cadre du Plan d'action prioritaire (PAP) du PSE, le PIB du Sénégal n'a crû que de 23 % en quatre ans. La productivité du capital stagne autour de 18 % en moyenne, et cela explique l'effritement des capacités d'autofinancement de l'État, d'où un recours de plus en plus important à un endettement public de moins en moins solvable. Les finances publiques commencent à s'en ressentir avec de récurrentes tensions de trésoreries causant l'arrêt de certains projets publics. Il faut retenir que l'éparpillement des ressources publiques sur de multiples projets disparates a eu un effet d'éviction sur plusieurs priorités, comme la résolution de la crise de l'eau.

La question du chômage va encore catalyser beaucoup d'attention de la part de l'opinion publique. La logique du *Trickle-Down Economics* doit être abandonnée, car on a la preuve évidente que l'emploi n'est pas une question de croissance. La correction des carences dans le secteur privé national et dans la régulation de l'emploi, l'internalisation de la majeure partie des marchés publics, les ajustements au niveau local ainsi que les multiples autres programmes en vue, vont considérablement juguler les problèmes d'emploi. Dès lors, le Code des marchés publics doit contenir davantage de dispositions en faveur du secteur privé local et venir définitivement à bout des problèmes de célérité qui expliquent certaines dérogations présidentielles abusives. Le nœud des problèmes de la régulation des marchés publics se situe dans le triple enjeu de la minimisation des coûts posant un problème de pertinence du moins-disant, ainsi que dans les soucis d'efficacité et d'évitement des malversations. Sur ce dernier aspect, il ne reste qu'à insister sur les valeurs spirituelles qui doivent fonder l'action de tout citoyen croyant.

Les Africains en général, et les Sénégalais en particulier, doivent cogiter sur la forme circulaire des révolutions de la lune, de la terre sur elle-même et autour du soleil, pour comprendre que l'homme évolue également dans un schéma circulaire qui lui ramène tous ses méfaits. C'est ce que les wolofs expriment par : « *Lou waay def boppam* »[22]. Il ne faut surtout pas penser que dans le temps, la corruption et les détournements d'argent public ne vont pas avoir d'effets plus négatifs sur leurs auteurs et leurs proches bénéficiaires. Ce qui est plus déplorable et qu'il faut urgemment éradiquer, c'est la mentalité bien ancrée chez les gouvernants consistant à vouloir faire profiter du pouvoir prioritairement leurs familles et leurs amis, et à

[22] Cela veut dire que « le mal se retourne toujours contre son auteur ».

accumuler des biens dans le but de maintenir indument leur train de vie après avoir quitté les positions de pouvoir, et de léguer à leurs enfants une fortune. Tout croyant doit savoir que cette posture d'exercice du pouvoir n'est pas équilibrée vis-à-vis du peuple électeur et le rééquilibrage par Allah (SWT) va se payer cash sur terre et dans l'au-delà. Biens mal acquis ne profitent jamais et les exemples de politiciens véreux ayant eu une fin désastreuse existent à foison au Sénégal et en Afrique.

La démocratie aidant, la politique politicienne aura promu n'importe qui dans les hautes sphères de décision au Sénégal. Les agents de l'administration publique, toutes hiérarchies confondues, sont constamment éclaboussés par la médiocrité, tenus par le devoir d'obéir à des politiciens souvent incultes et parfois farfelus. Cette situation a empiré d'une manière indescriptible à partir de 2012. Soixante ans sans délivrance, cela suffit pour que les Sénégalais comprennent que la plupart des politiciens ne devraient plus bénéficier de leur confiance. Les Sénégalais doivent arrêter de destituer et se résoudre à élire de vrais dirigeants. Les slogans du genre « Tout sauf Diouf » en 2000, « Tout sauf Wade » en 2012, et maintenant « Tout sauf Macky » en 2019, font réellement tourner en rond pour le choix d'un bon Président. Abdou Diouf servait les intérêts de son parti socialiste, un appareil sur lequel il s'est appuyé pour sa réélection en 1988 et en 1993. Abdoulaye Wade a d'abord gouverné avec sa coalition initiale de 2000 à 2001 avant de péricliter cette coalition, devenue la Convergence Autour du Président (CAP 21), managée par le professeur Iba Der Thiam, avec l'aide d'une déferlante de transhumants. Macky Sall est allé plus loin, puisque sa coalition est constituée d'un nombre impossible de partis politiques auxquels s'ajoute une cohorte de nouveaux transhumants. Il avait promis de respecter la charte de gouvernance démocratique notamment sur la nécessité que le Président ne soit plus chef de parti. Il n'a pas tenu promesse, non sans fouler au pied son slogan de « La patrie avant le parti ». Pire, un Haut conseil des Collectivités territoriales (HCCT) a été créé pour caser de la clientèle politique. Les mêmes causes de la stagnation et de la crispation dans l'administration et l'économie, notamment le clientélisme, le népotisme et le favoritisme, sont entretenues dans leur pire forme. Tout parti qui arrivera au pouvoir sera tenu de reconduire les mêmes pratiques. Il est temps que les Sénégalais jouent la carte des autres candidatures hors parti. Le cas échéant, l'arrivée d'un autre parti au pouvoir va requérir de profondes mutations dans la pratique gouvernementale : soit on s'active dans l'obtention d'un bilan positif soit on s'engouffre à nouveau dans le clientélisme pour espérer conserver le pouvoir.

Les solutions doivent partir du pilotage au niveau de l'État central. La politique doit cesser d'être un métier sur lequel surfent des individus sans qualification ni morale pour occuper les hautes sphères de décision. La disposition d'une qualification et la détermination d'un niveau minimum de formation doivent être des critères institutionnalisés dans les choix des décideurs. De même que l'octroi institutionnalisé de plus de 75 % des marchés publics au secteur privé local peut significativement transformer l'économie sénégalaise au bout d'un mandat de cinq ans. Il est attendu des gouvernants la réduction du train de vie de l'État central et le nivellement judicieux des salaires suivant une véritable logique de transformation des postes politiques en postes de travail. Le parasitage politicien est la principale gangrène dans la gouvernance économique du Sénégal et il n'a que trop duré. Il faudra une approche de gouvernance héroïque pour venir courageusement à bout de ce cancer politique qui ligote l'économie du pays. Le courage ne peut être ici qu'un compromis entre témérité et lâcheté. Les effets escomptés en valent la chandelle, puisqu'en plus d'être la seule voie du salut économique, ce courage politique va générer les réformes qui vont extirper les crispations institutionnelles et administratives, ajuster les schémas de régulation économique et sociale, améliorer le contenu local de l'économie sénégalaise et mettre en avant les principes de priorité.

# RÉFÉRENCES BIBLIOGRAPHIQUES

ANSD, *Situation économique et sociale (SES) du Sénégal* (de 2011 à 2015).

Attali J. (2010), *Phares, 24 destins*, éditions Fayard.

Diop C. A. (1974), *Les fondements économiques et culturels d'un État fédéral d'Afrique noire*, Présence Africaine, éd. revue et corrigée.

DPEE (2018), *Situation économique et financière en 2017 et perspectives 2018*, mai.

DPEE (2018), *« Passage des budgets de moyens aux budgets de programmes : quels impacts sur l'économie sénégalaise ? »*, Etude réalisée par Youssoupha .S DIAGNE et Issa FAYE, Janvier 2014

MAER (2014), *Programme d'accélération de la cadence de l'agriculture sénégalaise (PRACAS)*, août.

Marty P. (1917), *Étude sur l'Islam au Sénégal*, tome 1, Paris, éditions Ernest Leroux.

MEF (2014), *Plan Sénégal Émergent : Plan d'actions prioritaires 2014-2018*, février.

Ndiaye E. M. (2018), « Public/Private Partnership and tariff regulation failure: the example of Dakar/Diamniadio toll highway in Senegal », *Economics Bulletin*, vol. 38, Issue 1, pages 393-403.

Ndiaye E. M. (2016), *Économie du Sénégal. Revues analytiques transversales*, L'Harmattan.

Wade A. (2005), *Un destin pour l'Afrique*, éditions Michel Lafon (nouvelle version).

# TABLE DES MATIÈRES

# Le Sénégal

# aux éditions L'Harmattan

## *Dernières parutions*

**L'ESTHÉTIQUE SOCIALE DES PULAAR**
**Socioanalyse d'un groupe ethnolinguistique**
*Sy Harouna*
L'esthétique sociale pulaar est une mise en ordre éthique de la vie sociale. Elle est l'inventaire systématique de ce qu'il y a de beau et de laid dans le social relativement à ses valeurs, à ses normes, à ses règles et à ses codes qui commandent des postures, des relations, des rapports et des qualités appropriés. L'analyse des contradictions de la société pulaar du Fuuta Tooro a révélé des logiques et des stratégies fondées sur des rapports de castes et sur les représentations sociales que ces rapports produisent.
*(31.00 euros, 304 p.)*
*ISBN : 978-2-343-11189-6, ISBN EBOOK : 978-2-14-002810-6*

**LE BAYNUNK GUNAAMOLO, UNE LANGUE DU SUD DU SÉNÉGAL**
**Analyse phonologique, morphologique et syntaxique**
*Diop Sokhna Bao - Préface de Denis Creissels*
Le Sénégal est un pays multilingue avec des langues majoritaires et des langues minoritaires, de par le nombre de leurs locuteurs, mais également de par la quantité de travaux dont chacune dispose. Les langues majoritaires ont fait l'objet de nombreuses recherches, à la différences des langues minoritaires. Ce constat est à l'origine du choix porté sur la description de la variante gunaamolo du baynunk (parlé au sud du Sénégal, plus précisément à Niamone, dans la région de Ziguinchor) qui est une langue en danger très peu décrite. L'utilité et l'intérêt de ce travail résident dans la sauvegarde et la connaissance de cette langue et sa communauté. Elle peut servir aussi de référence à des recherches futures.
*(Coll. Études africaines, 38.50 euros, 392 p.)*
*ISBN : 978-2-343-09614-8, ISBN EBOOK : 978-2-14-002913-4*

**DE L'HÉRITAGE ARABO-ISLAMIQUE SAINT-LOUISIEN**
**Une illustration par les œuvres d'Abbas Sall et d'Abdoulaye Fall Magatte**
*Fall Cheikh Tidiane - Préface de Samba Dieng et Postface de Mouhamed Habib Kébé*
Cet ouvrage porte sur la réhabilitation du legs culturel arabo-islamique ouest-africain en général et saint-louisien en particulier. Revaloriser un pan du patrimoine culturel par l'entremise de l'imagination poétique locale de deux intellectuels demeure l'objectif principal de cette étude. Une partie descriptive

constituée de la traduction d'une cinquantaine de poèmes suivie d'un volet analytique constitue la méthodologie de ce travail de recherche. La moisson tirée de ce travail préliminaire apporte quelques éclairages sur l'intérêt de la traduction de manuscrits arabes, notamment ceux produits par d'éminents ulémas du Sénégal, tels les deux poètes faisant l'objet de cette étude.
*(Harmattan Sénégal, 35.00 euros, 340 p.)*
*ISBN : 978-2-343-11306-7, ISBN EBOOK : 978-2-14-003014-7*

**L'AGRICULTURE DU SÉNÉGAL SOUS LA COLONISATION**
*Diop Ismaïla*
L'introduction de l'arachide au Sénégal au début du XXe siècle révolutionne le paysage agricole. La France décide alors de faire du Sénégal une colonie arachidière. Le Sénégal devient la troisième puissance arachidière du monde après les États-Unis et l'Inde. Cette monoculture extensive aboutit à un déficit vivrier chronique, une dégradation des sols, une dépendance vis-à-vis des importations de riz en provenance d'Asie. Pour y remédier, le rapport de la mission Roland Portères de 1952 recommande des mesures d'aménagement du territoire, de restauration des sols, de promotion de l'agriculture intégrée sérère.
*(Harmattan Sénégal, 23.50 euros, 218 p.)*
*ISBN : 978-2-343-11129-2, ISBN EBOOK : 978-978-2-14-002836-6*

**CASAMANCE**
**À quand la paix ?**
*Bassène René Capain – Préface du père Nazaire Diatta*
Malgré leur volonté et leur engagement affichés d'aller vers la fin du conflit armé en Casamance, la position des parties en guerre n'a jamais réellement évolué. L'État du Sénégal se dit prêt à négocier sur tous les points, sauf sur ceux relatifs à l'intégrité territoriale et l'unité nationale, alors que, de son côté, le MFDC soutient une position contraire en déclarant être disposé à ne négocier que sur la question se rapportant à l'indépendance totale de la Casamance. Cette situation montre que le conflit armé est encore loin de finir en Casamance.
*(28.50 euros, 276 p.)*
*ISBN : 978-2-343-10426-3, ISBN EBOOK : 978-2-14-002593-8*

**PARCOURS D'UN JOURNALISTE AUTODIDACTE**
*Ndiaye Pape Ngagne*
*Préface de Mamoudou Ibra Kane*
Pape Ngagne Ndiaye, par son style, est devenu un rendez-vous incontournable de l'espace audiovisuel sénégalais. L'émission «Faram Faccce» qu'il anime présentement sur TFM est très courue des hommes et femmes politiques pressés de se soumettre au feu roulant et nourri des questions du redoutable interviewer, unique dans son genre. Ce livre n'est pas seulement une autobiographie, mais aussi une réflexion thématique et une sélection rigoureuse de certains numéros de la célèbre émission qui se veut «un décryptage des questions majeures de l'actualité nationale».
*(37.00 euros, 360 p.)*
*ISBN : 978-2-343-09916-3, ISBN EBOOK : 978-978-2-14-002822-9*

**DES FRANCENABE AUX MODOU-MODOU**
**L'émigration sénégalaise contemporaine**
*Fall Papa Demba - Préface du Professeur Abdoulaye Bara Diop*
Principalement centré sur la France et ses anciennes colonies d'Afrique, le champ migratoire sénégalais s'est, de manière originale, progressivement étendu à des destinations naguère méconnues ou peu fréquentées (comme les États-Unis, l'Italie, l'Espagne, l'Afrique du Sud ou le Brésil). Peu à peu, les migrants sont devenus des acteurs incontournables du développement. La prise en compte de ces populations, et de leurs mouvements, devient donc nécessaire aux programmes et politiques de développement durable.
*(Harmattan Sénégal, 40.00 euros, 559 p., Illustré en noir et blanc)*
*ISBN : 978-2-343-10796-7, ISBN EBOOK : 978-2-14-002539-6*

**«DOYEN» AMADY ALY DIENG, LE TRANSMETTEUR INTÉGRAL (1932-2015)**
**Économie biographique ou sémio-Histoire**
*Ngaïdé Abdarahmane*
Amady Ali Dieng nous a quittés il y a un an. Pour lui rendre hommage et s'en rappeler les enseignements, l'auteur de cet ouvrage a décidé de compiler ses nombreux écrits ou interventions. Les quatorze textes qui composent cette anthologie sont représentatifs et significatifs de la personnalité, du style et des préoccupations d'Amady Ali Dieng. On y retrouve son style, son humour et son esprit critique.
*(Harmattan Sénégal, 23.50 euros, 228 p., Illustré en noir et blanc)*
*ISBN : 978-2-343-10855-1, ISBN EBOOK : 978-2-14-002561-7*

**41 RULES TO BE HAPPY**
*Kane Babaly*
Seeing that happiness is the goal towards which all men strive for, the author wrote this book to help the reader in treasuring the joyous of life and realizing his desires in entirety, to be fulfilled, to claw his way to the top and to assure him it will turn out well in the end. Moreover, this book intends to give the keys us to get the secret for reaching we want in this life. 41 rules to be happy is a little self help book which has 41 rules that are meant to allow every reader to live life in full potential.
*(Harmattan Sénégal, 14.50 euros, 138 p.)*
*ISBN : 978-2-343-10904-6, ISBN EBOOK : 978-2-14-002583-9*

**SÉNÉGAL**
**Les limites du Plan Sénégal Émergent**
*Mansour Samb El Hadji*
Cet ouvrage présente une analyse profonde des politiques publiques en décortiquant le Plan Sénégal Émergent (PSE) qui jusque-là n'a fait l'objet d'aucune analyse critique sérieuse. Le Sénégal est face à un défi, le défi de son émergence, un défi qu'il compte relever avec tous ses fils. Ce défi qui mobilise aujourd'hui tout le monde doit nous pousser à proposer de nouveaux chemins et à animer un débat nécessaire et incontournable dans tout processus d'émergence.
*(Harmattan Sénégal, 27.00 euros, 276 p.)*
*ISBN : 978-2-343-09721-3, ISBN EBOOK : 978-2-14-002372-9*

**SÉNÉGAL**
**Dynamiques paysannes et souveraineté alimentaire**
**Le procès de production, la tenue foncère et la naissance d'un mouvement paysan**
*Diop Amadou Makhouredia*
*Préface d'Yves Guillermou ; Postface de Fodé Niang*
Le présent ouvrage contribue à la compréhension des stratégies développées par la petite paysannerie et les dynamiques qui animent les exploitations agricoles familiales permettant la production de biens nécessaires à l'alimentation et l'entretien des familles. La capacité des paysans à prendre en main leurs propres préoccupations a été mise en évidence par l'émergence d'organisations, de groupements, d'associations et d'unions dans tout l'espace rural sénégalais.
*(Harmattan Sénégal, 26.00 euros, 256 p.)*
*ISBN : 978-2-343-10852-0, ISBN EBOOK : 978-2-14-002457-3*

**HISTOIRE ET SOCIOLOGIE DES RELIGIONS AU SÉNÉGAL**
*Tamba Moustapha*
Le Sénégal reste une exception dans le domaine religieux : 90 % de musulmans, 5 % de chrétiens et 5 % d'adeptes de l'animisme. C'est aussi le pays où les musulmans et les catholiques partagent le même cimetière, où les conjoints partagent des religions différentes, où les écoles privées catholiques comptent 60 à 70 % d'élèves de confession musulmane, etc. Ce phénomène n'est pas dû au hasard. L'histoire et la sociologie des religions permettent de l'expliquer amplement. Cet ouvrage souligne cette exception sénégalaise pour montrer qu'au moment où notre monde est en proie au fanatisme, à l'intolérance et au terrorisme religieux, le Sénégal propose un autre « modèle ».
*(Coll. Études africaines, série Economie, 41.00 euros, 426 p.)*
*ISBN : 978-2-343-10424-9, ISBN EBOOK : 978-2-14-002506-8*

**FIGURES DU POLITIQUE ET DE L'INTELLECTUEL AU SÉNÉGAL**
**L.S. Senghor - M. Dia - A. Ly - CH. A. Diop A. Diouf & F. Mitterrand - J.R. De Benoist - A. Seck - TH. Fall - A. M. Samb - A.M. Samb JR - TH. Monod - H. Bocoum - G. R. Thilmans**
*Samb Djibril*
Cet ouvrage réunit des personnalités politiques et/ou intellectuelles très diverses : Léopold Sédar Senghor, l'Immortel Noir ; Mamadou Dia, le brillant économiste ; François Mitterrand et Abdou Diouf, deux experts politiques, ou encore Théodore Monod, le savant probe. Ces figures sont autant de coryphées auxquels l'auteur a voulu rendre hommage, afin de rappeler que la terre africaine du Sénégal ne manque pas de princes de l'esprit ni de nourriture intellectuelle.
*(26.00 euros, 266 p.)*
*ISBN : 978-2-343-10731-8, ISBN EBOOK : 978-2-14-002513-6*

## Structures éditoriales du groupe L'Harmattan


**L'Harmattan Italie**
Via degli Artisti, 15
10124 Torino
harmattan.italia@gmail.com

**L'Harmattan Hongrie**
Kossuth l. u. 14-16.
1053 Budapest
harmattan@harmattan.hu

**L'Harmattan Sénégal**
10 VDN en face Mermoz
BP 45034 Dakar-Fann
senharmattan@gmail.com

**L'Harmattan Cameroun**
TSINGA/FECAFOOT
BP 11486 Yaoundé
inkoukam@gmail.com

**L'Harmattan Burkina Faso**
Achille Somé – tengnule@hotmail.fr

**L'Harmattan Guinée**
Almamya, rue KA 028 OKB Agency
BP 3470 Conakry
harmattanguinee@yahoo.fr

**L'Harmattan RDC**
185, avenue Nyangwe
Commune de Lingwala – Kinshasa
matangilamusadila@yahoo.fr

**L'Harmattan Congo**
67, boulevard Denis-Sassou-N'Guesso
BP 2874 Brazzaville
harmattan.congo@yahoo.fr

**L'Harmattan Mali**
Sirakoro-Meguetana V31
Bamako
syllaka@yahoo.fr

**L'Harmattan Togo**
Djidjole – Lomé
Maison Amela
face EPP BATOME
ddamela@aol.com

**L'Harmattan Côte d'Ivoire**
Résidence Karl – Cité des Arts
Abidjan-Cocody
03 BP 1588 Abidjan
espace_harmattan.ci@hotmail.fr

**L'Harmattan Algérie**
22, rue Moulay-Mohamed
31000 Oran
info2@harmattan-algerie.com

**L'Harmattan Maroc**
5, rue Ferrane-Kouicha, Talaâ-Elkbira
Chrableyine, Fès-Médine
30000 Fès
harmattan.maroc@gmail.com


## Nos librairies en France


**Librairie internationale**
16, rue des Écoles – 75005 Paris
librairie.internationale@harmattan.fr
01 40 46 79 11
www.librairieharmattan.com

**Lib. sciences humaines & histoire**
21, rue des Écoles – 75005 paris
librairie.sh@harmattan.fr
01 46 34 13 71
www.librairieharmattansh.com

**Librairie l'Espace Harmattan**
21 bis, rue des Écoles – 75005 paris
librairie.espace@harmattan.fr
01 43 29 49 42

**Lib. Méditerranée & Moyen-Orient**
7, rue des Carmes – 75005 Paris
librairie.mediterranee@harmattan.fr
01 43 29 71 15

**Librairie Le Lucernaire**
53, rue Notre-Dame-des-Champs – 75006 Paris
librairie@lucernaire.fr
01 42 22 67 13

www.ingramcontent.com/pod-product-compliance
Lightning Source LLC
LaVergne TN
LVHW021233061026
849535LV00008B/3044
* 9 7 8 2 3 4 3 1 6 1 6 8 6 *